CW00472899

Gwir Straeon y Lladdwyr Cyfresol Gwrywaidd Marwaf

Amrahs Hseham

Published by mds0, 2024.

While every precaution has been taken in the preparation of this book, the publisher assumes no responsibility for errors or omissions, or for damages resulting from the use of the information contained herein.

GWIR STRAEON Y LLADDWYR CYFRESOL GWRYWAIDD MARWAF

First edition. March 17, 2024.

Written by Amrahs Hseham.

Tabl Cynnwys

M ae'r llyfr yn archwiliad cynhwysfawr o rai o droseddwyr mwyaf drwg-enwog ac iasoer hanes. O'u plentyndod i'w troseddau erchyll a'u dal yn y pen draw, mae'r llyfr hwn yn rhoi cipolwg manwl ar fywydau'r unigolion maleisus hyn. Trwy waith ymchwil manwl ac adrodd straeon cymhellol, eir â darllenwyr ar daith i ddyfnderoedd afiach a thywyllwch yr oedd y lladdwyr hyn yn byw ynddynt.

Mae'r llyfr yn dechrau gydag archwiliad manwl o fywyd a throseddau Ted Bundy, un o laddwyr cyfresol mwyaf gwaradwyddus America. Roedd ymarweddiad swynol Bundy yn cuddio personoliaeth dywyll a throellog, gan ganiatáu iddo ddenu nifer o ferched ifanc i'w marwolaethau. Trwy gyfweliadau â goroeswyr, swyddogion gorfodi'r gyfraith, ac aelodau o deulu dioddefwyr, mae'r llyfr yn paentio darlun byw o deyrnasiad brawychus Bundy a'r dinistr a adawodd yn ei sgil.

Gan symud ymlaen, mae'r llyfr yn ymchwilio i fywyd Jeffrey Dahmer, llofrudd cyfresol drwg-enwog arall a ddychrynodd Milwaukee ddiwedd y 1980au a dechrau'r 1990au. Fe wnaeth troseddau erchyll Dahmer, a oedd yn cynnwys treisio, llofruddio, a datgymalu 17 o ddynion a bechgyn ifanc, syfrdanu'r genedl ac ennill y "Milwaukee Cannibal" iddo. Trwy gyfweliadau â swyddogion gorfodi'r gyfraith a seicolegwyr, mae'r llyfr yn archwilio plentyndod cythryblus Dahmer a'r ffactorau a gyfrannodd at ei ddisgyniad i wallgofrwydd.

Mae'r llyfr hefyd yn archwilio bywyd a throseddau John Wayne Gacy, un o laddwyr cyfresol mwyaf toreithiog America. Roedd Gacy, a adnabyddir fel y "Killer Clown," yn gyfrifol am dreisio a llofruddio o leiaf 33 o ddynion a bechgyn ifanc yn y 1970au. Trwy gyfweliadau ag aelodau teulu dioddefwyr a swyddogion gorfodi'r gyfraith, mae'r llyfr yn rhoi hanes iasoer o droseddau Gacy a'r effaith a gawsant ar deuluoedd ei ddioddefwyr a'r gymuned yn gyffredinol.

Yn ogystal â'r lladdwyr gwaradwyddus hyn, mae'r llyfr hefyd yn archwilio bywydau unigolion llai adnabyddus ond sydd yr un mor ddifreintiedig, megis Gary Ridgway, y "Green River Killer," a oedd yn gyfrifol am lofruddiaethau o leiaf 49 o fenywod yn Nhalaith Washington, a Dennis Rader, y "BTK Killer," a ddychrynodd ardal Wichita, Kansas am fwy na 30 mlynedd.

Trwy gydol y llyfr, mae'r awduron yn ymchwilio i seicoleg y lladdwyr hyn, gan archwilio'r ffactorau a gyfrannodd at eu hymddygiad treisgar. Maent hefyd yn archwilio rôl gorfodi'r gyfraith a'r system gyfiawnder wrth ddal y troseddwyr hyn, gan amlygu'r heriau a wynebwyd ganddynt wrth ddod â'r unigolion peryglus hyn o flaen eu gwell.

Mae'r llyfr yn ddarlleniad iasoer ac ysgogol sy'n taflu goleuni ar agweddau tywyllaf y natur ddynol. Mae'n dyst i wydnwch yr ysbryd dynol ac ymdrechion diflino gorfodi'r gyfraith yn wyneb drygioni annirnadwy.

—Awdwr

1. Ted Bundy (Unol Daleithiau)

Roedd Theodore Robert Bundy, a elwir hefyd yn "Ted Bundy," yn llofrudd cyfresol cronig, ond roedd hefyd yn enwog am gyflawni troseddau fel ymosodiadau cipio. O ystyried record droseddol Ted Bundy, ef oedd y mwyaf anffodus o'r merched. Lladdwyd tua 36 o ferched yn ddifrifol gan y dienyddiwr hwn.

Ganed Ted Bundy, oedd yn enwog am ei ddrwgweithredoedd erchyll yn America yn ystod y 70au, ar Dachwedd 24, 1946, yn Burlington, Vermont. Roedd Ted Bundy yn iawn yn yr hen ddyddiau da, ac eto roedd brwydrau cartref yn gwneud rhyfeddod anarferol iddo wrth iddo droi'n oedolyn. Yn sgil cwblhau'r broses o diwtora, cyflawnodd Ted Bundy, a gyrhaeddodd y coleg, ei gamwedd cyntaf ym 1974, pan herwgipiodd ac ymosod ar ferch ifanc.

Tra'n astudio yn y coleg, gwnaeth ddynes ifanc o'r enw Linda Haley yn anafedig iddo. Credir mai dyma'r llofruddiaeth gyntaf a gyflawnwyd gan Ted Bundy. Ar ôl hyn, mewn cymunedau trefol fel Washington ac Oregon, byddai'n herwgipio'n gynnil ac wedi hynny yn lladd merched a merched ifanc sy'n mynd i'r ysgol.

Yn ôl yr heddlu, fe lofruddiodd Ted Bundy 36 o ferched rhwng 1974 a 1978 ym mhob un o saith tiriogaeth America. Dywedir bod ar ôl y lladdiad, decapitating y cyrff marw a bywiogi'r tŷ troi yn ei ddiddordeb ochr. Yn ystod yr archwiliad gan yr heddlu, cafodd ychydig o benaethiaid eu gwella o almirah ei gartref.

Cipiwyd Ted Bundy gan heddlu'r gymdogaeth ar Awst 16, 1975, mewn achos a atafaelwyd, ond llwyddodd i ddianc rhag awdurdodau'r heddlu. Yn y ddau achos, fe wnaeth yr heddlu olrhain dannedd ac olion bysedd Ted Bundy ar y grŵp o ddwy fenyw. Ar ôl hyn, llwyddodd Ted Bundy i ddianc oddi wrth awdurdodau'r heddlu sawl gwaith. Fodd bynnag, ar ôl Chwefror 15, 1978, ni allai ddianc.

Roedd y dienyddiwr brawychus hwn wedi cyfaddef ei gamwedd ar ôl ei ddal a'i fod wedi cyflawni'r troseddau hyn mewn lleoedd gwell.

Cafodd ei ddatgan yn "angel syrthio" gan y llys yn y dadleuon parhaus yn ei erbyn.

Lladdodd Ted Bundy ferched diniwed ar draws America yn greulon ac yn ddieflig. Dyma ddisgrifiad byr o droseddau creulon Bundy:

Chwefror 1974: herwgipio a thagu Linda Ann Healy, 21 oed, o gampws Prifysgol Seattle.

Mawrth 1974: Herwgipio a llofruddio Donna Gail Manson, 19 oed, myfyriwr yng Ngholeg Talaith Evergreen yn Olympia. Ni chafodd ei gorff erioed ei adennill.

Ym mis Ebrill 1974, herwgipio a llofruddio myfyriwr 18 oed Susan Allen Rancourt o Brifysgol Central Washington wnaeth y penawdau.

Mai 1974: Herwgipio, treisio a llofruddio Roberta "Cathy" Park 20 oed o Brifysgol Talaith Oregon tua 11 pm

Ar 1 Mehefin, 1974, daeth herwgipio a llofruddiaeth Brenda Carol Ball, 22 oed, yn Burion, Seattle, yn gyhoeddus.

Cafodd Georgian Hawkins, llanc 18 oed o Ardal Prifysgol Seattle, ei herwgipio a'i thagu ar Fehefin 11, 1974.

Gorffennaf 1974: herwgipio a llofruddio Janice Anne Ott, 23 oed, a Denise Neslund, 19 oed.

Hydref 18, 1974: herwgipio, treisio a thagu Melissa Smith, 17 oed o Midvale, Utah.

Cafodd Laura Ann Aim, 17, o Lehigh, Utah, ei herwgipio, ei threisio, a'i llofruddio ar Hydref 31, 1974.

Ar Dachwedd yr 8fed, 1974, ymgais aflwyddiannus i herwgipio Carol Dornoch 18 oed o ganolfan Fashion Place yn Murray, Utah, wedi'i chuddio fel heddwas. Cafodd Debra Jean Kent, 17, ei herwgipio a'i llofruddio am 10:15pm yr un noson.

Ym mis Ionawr 1975, herwgipio a llofruddio Caryn Aileen Campbell, 23 oed, o'r Wildwood Inn yn Snowmass, Colorado, gydag ergyd drom i'w phen. Cafwyd hyd i'r corff ar ôl tri deg chwech o ddiwrnodau.

Ar Fawrth 15fed, 1975, bu herwgipio a llofruddio hyfforddwr sgïo 26 oed, Julie Cunningham o Vail, Colorado. Ni ddaethpwyd o hyd i'w chorff erioed.

Ym mis Ebrill 1975, cafodd Dennis Lynn Oliverson, 24, ei herwgipio a'i llofruddio yn Grand Junction, Colorado, a'i adael yn Afon Colorado.

Mai 1975: Ar ôl herwgipio a lladd Lynette Don Culver, 12 oed, dympio ei chorff yn Afon Snake.

Cafodd Susan Curtis, myfyriwr 15 oed o Brifysgol Brigham Young, ei herwgipio a'i llofruddio ar 16 Mehefin, 1975.

Am 2:30 y bore, arestiodd y Swyddog Patrol Priffyrdd Bob Hayward Ted Bundy am y tro cyntaf yn Utah, ac yna mynd ar ei ôl. Darganfuwyd mwgwd, menig, rhaff, crowbar, a gefynnau yn ei gar. Y diwrnod wedyn, cafodd fechnïaeth.

Ym mis Hydref 1975, ceisiodd Bundy yn aflwyddiannus herwgipio Carol Darroch, 18 oed, o ganolfan Fashion Place yn Murray, Utah, ar Dachwedd 8, 1974, wedi'i chuddio fel heddwas. Arestiwyd Bundy ar dystiolaeth Carol Daronch. Ar 1 Mawrth, 1976, fe'i cafwyd yn euog o herwgipio dwys a'i ddedfrydu i 15 mlynedd yn y carchar.

Ym mis Hydref 1976, cafodd Bundy ei gyhuddo o lofruddio Carine Campbell a symudodd i Aspen, Colorado ym mis Ionawr 1977 i wynebu cyhuddiadau am lofruddio Campbell. Ym mis Mehefin 1977, dihangodd drwy ffenestr yn Llyfrgell y Gyfraith y Pitkin County Jailhouse. Cafodd ei ddal eto bum niwrnod yn ddiweddarach.

Ym mis Rhagfyr 1977, dihangodd Bundy trwy agor teras uchaf ei gell carchar.

Ar ôl dianc o'r carchar, bu'n byw mewn tŷ ar rent ym mhrifddinas Florida, Tallahassee.

Ar Ionawr 15, 1978, am 3 am, torrodd Bundy i mewn i dŷ sorority Chi Omega ger Prifysgol Talaith Florida ac ymosod ar dri o bobl yno. Lladdodd yr ymosodiad Margaret Bowman, 20, a Lisa Levy, 21. Yn fuan ar ôl y gwaedlif hwn, ymosododd Bundy ar fachgen-fyfyriwr o'r enw Cheryl Thomas. Llwyddodd Thomas i ddianc o'r ymosodiad o drwch blewyn.

Ar 9 Chwefror, 1978, herwgipiodd Bundy a lladd Kimberly Diane Leach, myfyriwr ysgol uwchradd iau 12 oed. Hwn oedd ei lofruddiaeth olaf.

Ar Chwefror 15fed, 1978, sylwodd patrôl heddlu o Pensacola ar gar amheus yn gyrru ar gyflymder afreolus. Pan ddaeth y Swyddog David Lee o hyd i rif y car, daeth yn gar oedd wedi'i ddwyn. Pan gafodd y car ei stopio, gwrthododd Bundy ei arestio a rhoi ei ID ffug a'i enw, Kenneth.

Mae Bundy yn datgelu ei wir hunaniaeth i'r heddwas ar Chwefror 17, 1978.

Ym mis Gorffennaf 1978, cyhuddwyd Bundy o lofruddiaethau Margaret Bowman a Lisa Levy ac o geisio llofruddio Cheryl Thomas, Kathy Kleiner, a Karen Chandler.

Ar 24 Gorffennaf, 1979, cafwyd Bundy yn euog o lofruddiaethau Margaret Bowman a Lisa Levy ac ymgais i lofruddio Kleiner, Chandler, a Thomas.

Ym mis Chwefror 1980, cafodd ei ddedfrydu i farwolaeth.

Ar Ionawr 24, 1989, tua saith y bore, cafodd ei roi i farwolaeth am byth ar ôl cael ei glymu i gadair drydan mewn carchar yn Florida.

Dywedir, pan laddwyd llofrudd cyfresol peryglus America Theodore Robert Bundy, aka Ted Bundy, fod pobl wedi mynegi hapusrwydd trwy ffrwydro crawyr tân y tu allan i'r carchar.

2. Jeffrey Lionel Dahmer (Unol Daleithiau)

Wynebau diniwed, gwenau llofrudd, a phethau eraill sy'n cyffwrdd yn uniongyrchol â'r galon. Wedi'i eni i deulu cythryblus, yn ifanc, roedd gormod o alcohol a chyffuriau yn ei wneud yn unig ac yn flin. Gwahanodd y teulu ef hefyd oherwydd ei arferion a'i ymddygiad rhyfedd.

Roedd y fath bersonoliaeth i'r llofrudd cyfresol hwn. Roedd y llofrudd cyfresol drwg-enwog hwn o Ohio, Jeffrey Lionel Dahmer, yn llofrudd cyfresol a gurodd pobl i farwolaeth yn greulon. Roedd Dahmer, Jeffrey Lionel, yn ddienyddiwr cyfresol ac yn droseddwr rhyw o'r Unol Daleithiau. Ar ôl ysgol uwchradd, cofrestrodd Dahmer ym Mhrifysgol Talaith Ohio a threuliodd y rhan fwyaf o'i amser yn cymryd cyffuriau yn hytrach na dosbarthiadau. Ymrestrodd Dahmer yn y fyddin yn 1979, ond parhaodd i yfed, ac yn 1981, dim ond dwy flynedd yn ddiweddarach, cafodd ei ddiswyddo o'r fyddin am ymddygiad meddw.

Ganed Jeffrey Lionel Dahmer ar Fai 21, 1960, yn Wisconsin, UDA. Y dyn hwn a greodd banig yn Ohio o 1978 i 1991. Yn y 13 mlynedd hynny, lladdodd Dahmer 17 o bobl. Roedd yr heddlu ar ei ôl, ond roedd yn dianc bob tro.

Roedd dioddefwyr y llofrudd cyfresol hwn yn aml yn ddynion. Roedd Jeffrey Dahmer yn arfer arteithio dynion cyn eu lladd. Byddai'n lladd y dynion yn gyntaf trwy eu curo'n greulon ac yn ddiweddarach byddai ganddo gysylltiadau corfforol â'u cyrff marw. Nid oedd y lladdwr cyfresol hwn yn fodlon hyd yn oed â hyn, felly roedd yn arfer torri rhannau'r cyrff marw hynny i ffwrdd a'u bwyta. Dywedir bod y lladdwr cyfresol hwn wedi cael hwyl am gasglu rhannau o'r corff.

Roedd troseddau Jeffrey Lionel Dahmer yn enbyd ac yn annynol i'r eithaf. Roedd dulliau Dahmer o lofruddiaeth yn cynnwys trais rhywiol, trychiad, necroffilia, a chanibaliaeth. Nid yn unig hyn, ond roedd hefyd yn arfer tynnu lluniau o'r dioddefwr yn ystod y llofruddiaeth.

Ym mis Mehefin 1978, i fodloni ei chwantau cyfunrywiol, gwahoddodd Steven Hicks, 18 oed, i yfed yn nhŷ ei dad. Pan ddechreuodd Hicks adael, tarodd Dahmer ef â'i ben yn erbyn y wal. Yna, ar ôl cyflawni ei ddymuniad, fe ddatgelodd y corff, rhoi'r rhannau mewn bagiau sbwriel, a'i gladdu yn y goedwig o'i amgylch.

Treuliodd Dahmer y chwe blynedd nesaf yn byw gyda'i nain yn West Allis, Wisconsin. Parhaodd i yfed alcohol ac roedd yn aml yn cael ei gythryblu gan yr heddlu. Ym mis Medi 1986, cafodd ei arestio am fastyrbio mewn man cyhoeddus. Cafodd ei garcharu am 10 mis.

Ym mis Medi 1987, cyfarfu Dahmer â Steven Twomi, 26 oed, a chafodd y ddau yfed yn drwm a pherthynas gyfunrywiol mewn ystafell westy. Cafwyd hyd i Tumi yn farw yn y bore. Mae Dahmer yn rhoi corff Tumi mewn cês ac yn ei gladdu yn islawr ei nain.

Parhaodd lladd Dahmer. Denodd ei ysglyfaeth â gwirodydd ac arian rhydd. Roedd yn arfer eu cyffuriau, eu poenydio, ac yna eu tagu i farwolaeth. Roedd yn aml yn storio sawl dogn yn y rhewgell, ac roedd yn arfer bwyta hyn yn achlysurol.

Ar noson Gorffennaf 22, 1991, gwnaeth Dahmer Tracy Edwards yn 18fed dioddefwr. Yn ôl Edwards, ceisiodd Dahmer ei gyffion a brwydrodd y ddau. Dihangodd Edwards ganol nos a chafodd ei weld gan yr heddlu ar y ffordd gyda'i gefynnau'n hongian o'i arddyrnau. Stopiodd yr heddlu ef. Mae Edwards yn dweud wrthynt ar unwaith am ei gyfarfyddiad â Dahmer ac yn mynd â nhw i'w fflat.

Agorodd Dahmer y drws i'r swyddogion ac atebodd eu cwestiynau'n dawel. Cytunodd i ddatgloi gefynnau Edwards ac aeth i'r ystafell wely i gasglu'r allweddi. Aeth un o'r swyddogion gydag ef. Edrychodd o gwmpas yr ystafell. Pan agorodd oergell, roedd rhannau o'r corff a phenglog dynol i'w gweld.

Maen nhw'n penderfynu arestio Dahmer ac yn ceisio ei gefynnau, ond mae ei agwedd dawel yn newid yn sydyn ac mae'n cael trafferth dianc. Gan gymryd Dahmer dan reolaeth, dechreuodd yr heddlu chwilio'r fflat.

Yn ystod yr ymchwiliad, daeth yr heddlu o hyd i nifer o gyrff dan amodau anffurfio o dŷ'r llofrudd cyfresol hwn. Roedd yr hyn a ddarganfuwyd yn fflat Dahmer yn warthus. Ymhlith yr eitemau a ddarganfuwyd yn ei fflat roedd pen dynol a thri bag o organau, gan gynnwys dwy galon, a ddarganfuwyd yn yr oergell. Roedd tri phen, torso, ac amrywiol organau mewnol y tu mewn i rewgell. Cemegau, fformaldehyd, ether, clorofform, dwy benglog, dwy law, ac organau cenhedlu gwrywaidd. Dau benglog y tu mewn i flwch. Asid, peiriannau drilio, darnau drilio, matresi gwaed-socian, a sblatwyr gwaed.

Ym mis Mai 1992, dyfarnodd llys yn Ohio Jeffrey Dahmer yn euog o lofruddio dim ond 15 o bobl a'i ddedfrydu i 957 mlynedd yn y carchar.

Ymddiheurodd hefyd am ei droseddau: "Doeddwn i ddim yn casáu neb. Roeddwn i'n gwybod fy mod yn sâl, yn ddrwg, neu'r ddau. Nawr rwy'n credu fy mod yn sâl. Mae'r meddygon wedi dweud wrthyf am fy salwch, ac yn awr mae gen i rywfaint o heddwch. gwyddoch faint o niwed yr wyf wedi'i achosi. Diolch i Dduw, ni fydd mwy o niwed. Yr wyf yn derbyn y gall yr Arglwydd Iesu Grist fy achub o'm camweddau."

Ar 28 Tachwedd, 1994, cafodd Dahmer a'r carcharor Jessie Anderson eu curo i farwolaeth gan ei gyd-garcharor Christopher Scarver tra'n gweithio yng nghampfa'r carchar. Bu farw Jeffrey Dahmer yn yr ambiwlans cyn cyrraedd yr ysbyty.

3. John Wayne Gacy (Unol Daleithiau)

Roedd llofrudd cyfresol enwog Chicago, John Wayne Gacy, yn llofrudd cyfresol a arferai wneud bechgyn ifanc yn ddioddefwyr. Yn gyntaf, roedd yn arfer bod â chysylltiadau corfforol â nhw ac yn ddiweddarach arferai eu lladd yn greulon.

Ganed y llofrudd cyfresol John Wayne Gacy ar Fawrth 17, 1942, yn Chicago, UDA. Roedd tad John Wayne Gacy yn arfer yfed yn drwm yn y tŷ ac yn aml yn curo'r plant. Dywedir bod John Wayne Gacy yn arfer bod yn isel ei ysbryd gan antics ei dad. Pan oedd Gacy yn 7 oed, ymosodwyd yn rhywiol arno dro ar ôl tro gan ffrind i'r teulu. Ni ddywedodd erioed wrth ei rieni am y peth, gan ofni y byddai ei dad yn ei gosbi am hynny.

Yn yr ysgol elfennol, cafodd Gacy ei daro gan salwch anhysbys a achosodd iddo ennill pwysau a gwylltio gyda'i gyd-ddisgyblion. Yn 11 oed, roedd gan Gacy glot gwaed yn ei ymennydd, a gymerodd amser hir i'w drin. Collodd yr ysgol pan gyrhaeddodd adref o'r ysbyty. Cynyddodd dicter a churiadau y tad meddw. Wedi blino ar ymddygiad ei dad, gadawodd y tŷ a daeth i Las Vegas.

Bu Gacy yn gweithio am gyfnod byr i wasanaeth ambiwlans yn Las Vegas ond fe'i trosglwyddwyd wedyn i gorffdy lle bu'n gweithio fel cynorthwyydd. Byddai'n aml yn treulio nosweithiau ar ei ben ei hun yn y marwdy, lle byddai'n cysgu ar grud ger yr ystafell pêr-eneinio. Un noson, torrodd Gacy i mewn i arch yn sydyn a chofleidio corff bachgen yn ei arddegau. Yn ddiweddarach, cafodd ei ddrysu a'i syfrdanu gan y lledrith ei fod wedi cael ei gyffroi'n rhywiol gan gorff dyn.

Y diwrnod wedyn, galwodd ei fam a gofyn a allai ddychwelyd adref. Cytunodd ei dad, a gadawodd Gacy y marwdy ac aeth yn ôl i Chicago. Gan adael profiad yn y marwdy, mynychodd Goleg Busnes Northwestern a graddiodd oddi yno yn 1963, er nad oedd wedi cwblhau'r ysgol uwchradd. Yna cymerodd swydd rheolwr dan hyfforddiant yn y Nunn-Bush Shoe Company ac yn fuan symudwyd i Springfield, Illinois.

Roedd menyw ifanc o'r enw Marlynn Meyers yn arfer gweithio yn adran Gacy. Dechreuodd y ddau ddyddio a phriodi naw mis yn ddiweddarach, yn 1964. Ar ôl y briodas, symudodd y ddau i Waterloo, Iowa, lle roedd Gacy yn rheoli tri bwyty Kentucky Fried Chicken a oedd yn eiddo i dad Marlynn. Yma, yn fuan daeth Gacy i ymwneud â sefydliad cymdeithasol o'r enw Waterloo Jessies. Ond roedd gan y Waterloo Jessies ochr dywyll hefyd a oedd yn cynnwys defnyddio cyffuriau anghyfreithlon, cyfnewid gwraig, puteiniaid, a phornograffi.

Dechreuodd Gacy gymryd rhan yn y gweithgareddau hyn yn rheolaidd, ac yn ystod yr amser hwn, dechreuodd gael rhyw gyda dynion yn eu harddegau. Roedd llawer o'r bobl ifanc hyn yn gweithio yn ei fwyty cyw iâr. Er hwyl y bobl ifanc, gwnaeth ystafell yn yr islawr yn gartref iddo. Roedd yn swyno'r bechgyn ag alcohol a phornograffi am ddim. Gwrthwynebodd rhai o'r bechgyn, ond ar ôl meddwi gormod, fe wnaeth Gacy eu cam-drin yn rhywiol. Yn raddol, tyfodd ei ddewrder. Ym mis Awst 1967, cyflogodd Gacy Donald Voorhees, 15 oed. Ar ôl gorffen y swydd, mae Gacy yn mynd â'r arddegau i'w islawr gyda'r addewid o gwrw am ddim a ffilm porn. Gorfododd Gacy ef i gael rhyw geneuol ar ôl llawer iawn o alcohol.

Dywedodd Voorhees wrth ei dad am y digwyddiad yn yr islawr, a rhoddodd y tad wybod i'r heddlu ar unwaith. Cwynodd dioddefwr arall 16 oed hefyd i'r heddlu am y Gacy. Felly cafodd ei arestio. Cafodd ei gyhuddo o gyfunrywioldeb a'i ddedfrydu i 10 mlynedd. Ym mis Hydref 1971, ar ôl treulio dwy flynedd yn unig o'i ddedfryd, cafodd Gacy ei ryddhau a'i roi ar brawf am 12 mis oherwydd ymddygiad da yn y carchar.

Ysgarodd Marlynn ef oherwydd ei antics. Heb ddim ar ôl i'w wneud yn Waterloo, symudodd Gacy i Chicago i ailadeiladu ei fywyd a byw gyda'i fam. Yr oedd y tad eisoes wedi marw.

Tra yn y carchar, dysgodd swydd cogydd. Cafodd swydd fel cogydd ac aeth i weithio i gontractwr adeiladu. Yn ddiweddarach prynodd Gacy dŷ yn Des Planes, Illinois, 30 milltir o Chicago. Dechreuodd Gacy a'i fam fyw yn yr un tŷ.

Yn gynnar ym mis Chwefror 1971, ceisiodd Gacy dreisio bachgen yn ei arddegau trwy ei hudo yn ei gartref, ond goroesodd y bachgen ac aeth at yr heddlu. Cafodd Gacy ei gyhuddo o ymosod yn rhywiol, ond cafodd y cyhuddiadau eu diystyru pan na ymddangosodd y bachgen yn y llys.

Ar Ionawr 2, 1972, roedd Timothy Jack McCoy, 16 oed, yn gorwedd yn y derfynfa fysiau yn Chicago. Roedd ei fws i adael y diwrnod wedyn. Yna daeth Gacy ato a chynnig lle iddo gysgu yn ei dŷ. Pan wrthwynebodd yr ymosodiad rhywiol yr un noson, cafodd Timotheus ei ladd a'i gladdu yn iard gefn y tŷ.

Ar 1 Gorffennaf, 1972, priododd Gacy Carole Hoff am yr eildro. Ond parhaodd ei arfer o aflonyddu rhywiol yn eu harddegau.

Yn y cyfamser, mae nifer o gyrff yn parhau i gael eu claddu yn iard gefn tŷ Gacy. Dechreuodd drewdod ofnadwy lenwi'r awyr, y tu mewn a'r tu allan i dŷ Gacy. Cynhyrfu'r cymdogion.

Ym 1974, newidiodd Gacy swydd a dechrau ei fusnes ei hun o beintio, addurno a chynnal a chadw. Roedd Gacy yn gweld hyn fel ffordd arall o ddenu pobl ifanc yn eu harddegau i'w islawr. Rhoddodd hysbysebion swydd ac yna dechreuodd wahodd ymgeiswyr i'w dŷ ar yr esgus o siarad am y swydd.

Unwaith yr oedd y bechgyn y tu mewn i'w dŷ, defnyddiodd amrywiaeth o dactegau, gan eu curo'n anymwybodol ac achosi artaith erchyll a thrasig, gan arwain bron bob amser at eu marwolaethau.

Ar yr un pryd, treuliodd Gacy amser hefyd yn sefydlu ei hun fel cymydog da ac arweinydd cymunedol da. Datblygodd gyfeillgarwch agos gyda'i gymdogion trwy roi partïon a dod yn wyneb cyfarwydd. Roedd wedi gwisgo i fyny a'i ddifyrru fel "Pogo the Clown" mewn partïon pen-blwydd ac ysbytai plant. Trodd John Wayne Gacy, a wnaeth weithred dda yn ystod y dydd, yn llofrudd trasig gyda'r nos.

Ysgarodd Carol Hoff, ei ail wraig, ef ym mis Hydref 1975. Nawr canolbwyntiodd Gacy ar yr hyn a olygai fwyaf iddo: cynnal y gwaith da yn y gymuned fel bod bechgyn ifanc yn gallu cael eu treisio a'u llofruddio i gael boddhad rhywiol.

Rhwng 1976 a 1978, llwyddodd Gacy i guddio 29 o gyrff y tu ôl i'w gartref, ond oherwydd diffyg lle ac arogleuon, fe wnaeth ollwng cyrff y pedwar dioddefwr olaf i Afon Des Moines.

Ar 11 Rhagfyr, 1978, aeth Robert Priest, 15 oed, a oedd yn gweithio i Gacy, ar goll. Cysylltodd ei rieni â'r heddlu. Cysylltodd yr heddlu â Gacy. Gwadodd unrhyw wybodaeth. Cynhaliodd yr heddlu wiriad cefndir ar Gays, a ddatgelodd hanes troseddol Gacy yn y gorffennol, gan gynnwys aflonyddu a dedfrydu plentyn dan oed a charchar. Rhoddodd y wybodaeth hon Gacy ar frig y rhestr o bobl a ddrwgdybir.

Ar 13 Rhagfyr, 1978, rhoddwyd gwarant chwilio ar gyfer cartref Gacy's Somerdale Avenue. Roedd yng ngorsaf yr heddlu yn rhoi datganiad pan fu ymchwilwyr yn chwilio ei dŷ a'i geir. Pan glywodd fod ei dŷ wedi cael ei chwilio, roedd yn gandryll.

Roedd y dystiolaeth a gasglwyd o gartref Gacy yn cynnwys modrwyau, gefynnau, cyffuriau, dwy drwydded yrru, pornograffi plant, bathodynnau heddlu, gynnau, bwledi, llafn switsh, samplau gwallt, derbynebau, nifer o ddillad gan yr arddegau, ac ati. Aeth yr ymchwilwyr yn ôl hefyd, ond fe wnaethant peidio â dod o hyd i unrhyw beth, a dychwelodd yn gyflym oherwydd yr arogl cryf. Roedden nhw'n ei alw'n broblem carthion. Fodd bynnag, cododd y darganfyddiad amheuaeth bod Gacy yn bedoffeil gweithredol ac yn dal i fod yn brif berson dan amheuaeth.

Cafodd y Gacy ei fonitro am 24 awr. Parhaodd ymchwilwyr i chwilio am Offeiriad hefyd. Yn y cyfamser, roedd Gacy yn mwynhau gêm o gath a llygoden gyda'r tîm gwyliadwriaeth.

Tra o dan wyliadwriaeth yr heddlu, hysbyswyd Gacy bod ail warant chwilio wedi'i chyhoeddi ar gyfer ei gartref. Yn y cyfamser, cludwyd Gacy i'r ysbyty oherwydd poenau yn y frest. A thu ôl i'r tŷ, fe ddechreuodd yr heddlu'r ymchwiliad eto. Pan wnaed y cloddiad, ffrwydrodd y stôf nwy. Gan wybod bod ei gêm ar ei draed, cyfaddefodd iddo ladd Robert Priest. Cyfaddefodd hefyd i dri deg dau o lofruddiaethau ychwanegol a ddechreuodd ym 1974 a nododd y gallai'r cyfanswm fod mor uchel â 45.

Arestiodd yr heddlu y llofrudd cyfresol John Wayne Gacy ar Ragfyr 21, 1978. Yn ystod yr ymchwiliad i dŷ John, daeth yr heddlu o hyd i gyrff 29 o fechgyn. Ar yr un pryd, ni allai'r heddlu ddod o hyd i unrhyw dystiolaeth yn erbyn John am lofruddiaeth dim ond 12 o bobl, a chafodd ei gosbi am hynny. Lladdwyd y llofrudd cyfresol John Wayne Gacy trwy chwistrelliad marwol ar Fai 10, 1994, yn Illinois.

4. Alexander Pichushkin (Rwsia)

Yn 2006, ar ôl i gyrff gael eu darganfod un ar ôl y llall ym Mharc Bitsa ym Moscow a'r cyffiniau, ymledodd panig ledled yr ardal. Parhaodd y broses hon o ddod o hyd i gyrff marw am tua thair blynedd. Trafodwyd y llofruddiaethau hyn ar raglenni teledu hwyr y nos. Roedd pawb yn dechrau amau llofrudd cyfresol.

Roedd Parc Bitsevsky yn eithaf trwchus a gwyrdd. Roedd y parc hwn, fel coedwig o goed yn tyfu, yn lle heddychlon a hardd i'r bobl oedd yn byw o'i gwmpas, lle roedd llawer o bobl yn dod am dro yn y bore a gyda'r nos. Er gwaethaf dyfodiad llawer o bobl, roedd y parc hwn mor fawr fel ei bod yn hawdd dod o hyd i gorneli heddwch i bawb. Roedd yna hefyd archfarchnad ger y parc hwn lle roedd dynes ifanc o'r enw Larissa yn gweithio.

Roedd Larissa yn gweithio yma fel merch werthu ac roedd hi'n fenyw normal. Roedd clerc oedd yn gweithio gyda hi yn yr un archfarchnad, Alexander, yn ddyn 32 oed gydag wyneb normal, gwelw iawn a statws cryf. Roedd llais Alexander yn ddwfn a siaradodd yn ysbrydol. Ynghanol y pethau difrifol hyn, roedd yn arfer dweud jôcs fel y byddai pawb yn chwerthin.

Yn 2006, roedd hi'n noson Mehefin 14, ac roedd Alexander wedi bod yn siarad â'i gydweithiwr, Larissa, ers amser maith. Roedd Larissa yn mwynhau'r pethau hyn yn eithaf, ac ar adegau roedd hi'n chwerthin am ben synnwyr digrifwch Alexander. Ond nawr bod y mater wedi cyrraedd nodyn difrifol, beth yw cariad? Roedd y drafodaeth yn mynd ymlaen ar y pwnc hwn. Yn ei ffordd ysbrydol, roedd yn arfer dweud weithiau mai cariad yw'r gwirionedd mwyaf, ac yna, y foment nesaf, roedd yn dwyll mawr. Profodd hefyd gariad fel neithdar gyda'i ddadleuon. Ac wrth wrando arno mewn arddull ymson, gwnaeth Larissa argraff ddofn arno.

Wrth siarad y pethau hyn, roedd Alecsander yn edrych fel grym goruwchnaturiol. Roedd Larissa yn syllu ar ei wyneb bedd, wedi ymgolli mewn sylw. Yna gofynnodd Alexander iddi a oedd hi'n deall yr hyn yr oedd yn ei ddweud. Pan amneidiodd Larissa, dywedodd Alexander hefyd nad oedd byth yn dweud celwydd. Un diwrnod, yn y llys mawr hwnnw, bydd yn dweud ei fod bob amser yn dweud ei farn.

Roedd Larissa wedi creu argraff ac, ar rai adegau, wedi synnu, ond doedd ganddi ddim syniad pa fath o berson oedd Alecsander. Roedd hi newydd fynd dros ben llestri yn yr eiliadau hyn. Yna cynigiodd Alexander sigarét i Larisa. Pan roddodd Larissa y sigarét rhwng ei gwefusau, cynheuodd Alexander hi gyda thaniwr. Yn y cyfamser, gan wneud jôc am sigaréts, dywedodd Alexander fod sigaréts yn well na chariadon, y gallwch chi eu rhoi ar eich gwefusau ar unrhyw adeg ac nid yw hi byth yn taflu unrhyw strancio. Chwarddodd Larissa.

Roedd Larissa yn pwffian ac roedd Alecsander yn siarad. Roedd mwy na hanner awr wedi mynd heibio ers i'r ddau siarad. Nawr mae Alexander yn cynnig taith gerdded yn y parc i Larisa. Gofynnodd Larisa yn gellweirus a oedd yn dilyn unrhyw athroniaeth o gerdded, ac yna dywedodd Alexander â gwên slei ei fod am ymweld â bedd ei hoff gi ac y byddai'n hapus pe bai Larissa yn cerdded ar ei hyd.

Mae'n rhyfedd i Larissa fod Alecsander am fynd â hi i fedd ei hoff gi. Roedd Larissa yn mwynhau bod yng nghwmni Alecsander, felly cytunodd. Anfonodd neges at ei mab ei bod yn mynd am dro yn y parc gydag Alexander ac y byddai'n dychwelyd ar ôl ychydig. Gadawodd hefyd rif Alecsander yn y neges hon. Cododd y ddau eu bagiau a gadael am y parc.

Wrth gerdded trwy goed trwchus y parc, diflannodd y ddau i ardal ddiarffordd lle nad oedd ffordd allan a neb heblaw nhw. Soniodd Alexander, sydd hyd yma wedi siarad am ei arddull, yn sydyn am y cyrff marw a ddarganfuwyd yn y parc hwn ers peth amser a gofynnodd i Larissa, ac yna dywedodd Larissa ei bod hi, wrth gwrs, yn gwybod amdano. Yna Alecsander a ofynodd, gyda gwên gam, ai nid oedd arni ofn dyfod yma. Yna cafodd Larissa ychydig o ofn.

Roedd Alexander yn sôn am y llofruddiaethau hyn nad oedd Larissa erioed wedi clywed amdanynt ar y teledu nac yn y gymdeithas. Yn y cyfamser, wrth edrych ar Larisa gyda chwerthiniad ffug, dywedodd Alexander, "Darllenais linell yn rhywle sy'n gywir iawn yn fy marn i. Y llinell honno oedd, os bydd rhywun yn agos atoch neu'n dod yn nes atoch, yna'r pleser a gewch chi i mewn. bydd eu hadnabod a'u deall yn llawer mwy cysurus na phe baech yn eu lladd.

Wedi dweud hyn, dechreuodd Alecsander chwerthin, ac roedd Larissa bellach yn ofnus. Ar ôl hyn, pan ddechreuodd Alexander siarad am y berthynas agos a'r llofruddiaeth, roedd Larisa wedi'i hamgylchynu gan lawer o fathau o amheuon. Gyda'r holl feddyliau drwg hyn a llawer o gerdded, dechreuodd Larissa deimlo'n flinedig iawn yn sydyn. Roedd Larisa wedi baglu cwpl o weithiau, ac roedd Alexander wedi gwneud iddi ysmygu ychydig mwy o sigaréts yn ystod y daith gerdded hon.

Ar ôl ychydig, digwyddodd bod Alecsander yn siarad amdano'i hun, a dechreuodd y gasping Larissa siarad â hi ei hun mewn llais isel. Mewn ychydig eiliadau, cafodd Larissa ei chwalu gan flinder, ofn, ac amheuaeth, ac, gan godi'n drwm arno, cydiodd mewn boncyff coeden gyda'r ddwy law. Pwysodd yn erbyn y goeden, bron â glynu wrthi. Pan edrychodd Larissa ar Alecsander, roedd ganddi obaith ffug o help, ond nawr roedd gan Alexander wên greulon ar ei wyneb. Mae Larissa yn argyhoeddedig mai Alexander yw'r llofrudd ecsentrig a allai fod ar fai am y llofruddiaethau yn y parc.

Alexander: Y goeden rydych chi'n glynu wrthi, Larissa, yw lle cafwyd hyd i gorff marw ychydig fisoedd yn ôl ar ochr gefn y goeden hon. Cafodd pen y ferch ei dorri dro ar ôl tro o foncyff y goeden hon.

Larissa (yn grwgnach ac yn chwerthin): Sut ydych chi'n gwybod?

Alexander: Cwestiwn anghywir, Larissa. Rwy'n meddwl y gallwch chi ddeall eich bod chi nawr hefyd wedi dod i wybod popeth.

Ni allai llygaid Larissa agor. Roedd ei chorff cyfan yn hamddenol ac roedd hi wedi cwympo i gysgu ar y goeden. Dechreuodd Alecsander grafu ei boch â rhisgl y goeden. Roedd Alexander yn gofyn a allai'r sigarét losgi hon ddisgyn i'r pentwr o ddail sych a'i rhoi ar dân. Bron yn anymwybodol, nid oedd Larissa bellach mewn sefyllfa i brotestio.

Larissa (mewn llais braidd yn agored ond blinedig): Felly ydych chi'n mynd i ladd fi nawr?

Alexander: Pa ddewis arall sydd gen i? Gallwch ddeall, Larisa, nad oes gennyf unrhyw ffordd arall o wneud hyn.

Yna crafu Alecsander wddf Larissa gyda rhisgl coed miniog. Daliodd Larissa i geisio dweud rhywbeth, ac yn araf bach gwyliodd Alexander hi mewn poen. Eiliadau yn ddiweddarach, tarodd Alecsander wddf a phen Larissa gyda chymaint o rym nes i Larissa fygu a dod yn gorff yn glynu wrth yr un goeden. Eisteddodd Alexander yn siarad â Larissa ar ei phen ei hun am ychydig ac yna aeth i'w dŷ.

Ar ôl cyrraedd adref, ffresiodd Alexander fel arfer a chymerodd bath. Yna, gan hymian, agorodd y botel o fodca a gwneud ei dudalen. Ar ôl trefnu bwyd o'r oergell a'r gegin, cafodd swper wrth wylio'r teledu ac aeth i gysgu. Y diwrnod wedyn, fel arfer, gwnaeth Alecsander ei holl waith ac ysgrifennodd yn ei ddyddiadur. Ar ôl ysgrifennu'r dyddiadur, edrychodd ar ei hoff fwrdd gwyddbwyll ac ysgrifennu rhywbeth arno gyda beiro.

Y diwrnod wedyn, hy, ar 16 Mehefin, 2006, bu cnoc ar ddrws Alecsander. Pan agorodd Alexander y drws, roedd rhai swyddogion heddlu wrth y drws. Gofynnodd iddyn nhw ddod i mewn a gweini dŵr yn iawn. Dywedodd y swyddogion hyn fod corff ei gydweithiwr, Larissa, wedi ei ddarganfod a'u bod am wneud rhywfaint o gwestiynu yn y cyswllt hwn oherwydd y tro diwethaf y gwelwyd Larissa gydag ef ar gamera. Roedd yr hyn a wnaeth Alexander ar ôl hyn yn synnu'r heddwas. Dechreuodd Alexander ddweud, gyda gwên -

Yn ddi-os, rydych chi wedi cyrraedd y lleoliad cywir. Ac fe'ch sicrhaf, ar ôl hyn, na fydd angen ichi fynd i unman arall oherwydd mae gennyf yr atebion i'ch holl gwestiynau. Beth sy'n bod? Pam nad ydych chi'n siŵr? Edrychwch, dwi erioed wedi dweud celwydd. Wedi'i ddeall yn dda, ond mae angen rhywfaint o dystiolaeth arnoch chi.

Arhoswch, gadewch i mi roi prawf i chi. Mae'r dyddiadur hwn yn werthfawr iawn i mi oherwydd rwyf wedi ysgrifennu llawer ynddo, a fydd yn ddefnyddiol iawn i chi. Ac ie, edrychwch ar hyn. Dyma fy hoff fwrdd gwyddbwyll. Mae ganddo 64 sgwâr. Nid wyf yn cofio, felly rwyf wedi ysgrifennu dyddiad pob llofruddiaeth ym mhob sgwâr. Mae'n ddrwg gen i, swyddog, ond gadawyd dau o sgwariau'r bwrdd gwyddbwyll yn wag."

Ar ôl clywed hyn i gyd, doedd dim terfyn ar syndod y plismyn oherwydd dywedodd Alexander hefyd na ddylai fynd i banig ac y byddai'n dweud y gwir yn y llys hefyd.

Ar ôl yr ymchwiliad a'r ymchwiliad cyflawn, daeth diwrnod olaf treial Alexander ar ôl chwarter blwyddyn, hy, ar Hydref 24, 2007. Cafwyd Alexander yn euog o bron i 50 cyhuddiad o lofruddiaeth a cheisio llofruddio. Dywedodd dro ar ôl tro yn y llys—

"Mae eich anrhydedd, bywyd heb ladd i mi fel byw heb fwyd i chi. Yr wyf yn dweud yr hyn yr wyf wedi meddwl erioed. Mae'n wir. Ac yr wyf yn gofyn i chi beidio â beio fi am lofruddiaethau llai. Os gwnewch hyn, yna bydd yn peidiwch â bod yn gyfiawnder i'r 11-12 o bobl eraill rydw i wedi'u lladd."

Ar ôl clywed yr achos cyfan hwn, fe gymerodd awr y diwrnod hwnnw i'r llys ddatgan y dyfarniad yn erbyn Alexander Pichushkin. Dedfrydwyd Alexander i garchar am oes gyda chyfarwyddiadau y dylid cadw'r euogfarnwr mewn caethiwed unigol am 15 mlynedd cyntaf ei ddedfryd. Enwyd y llofrudd cyfresol hwn yn "Lladdwr Gwyddbwyll," a chanfuwyd ei fod yn fwy peryglus na lladdwyr cyfresol mwyaf gwaradwyddus y byd. Ar ôl achos Alecsander, bu trafodaeth hir am ail-weithredu'r gosb eithaf yng nghyfraith Rwsia, ac roedd llawer o arbenigwyr yn argymell y gosb hon yn gryf i droseddwyr fel Alecsander.

Yn ôl y wybodaeth, roedd Pichushkin wedi cwympo o siglen ym mlynyddoedd ei blentyndod, a achosodd anaf difrifol i'r ymennydd. Cafodd yr anaf hwn effaith ddofn ar ei hwyliau. Yn ogystal ag anafiadau mewnol, roedd gan Alexander glais mawr ar ei dalcen, ac roedd yn aml yn cael ei bryfocio yn yr ysgol. Dangoswyd y diffyg rheolaeth a'r ymddygiad ymosodol dwys hwn trwy ddialedd Alecsander.

Daeth ymddygiad Alexander yn gymaint o broblem nes i'w fam benderfynu ei roi mewn ysgol ar wahân ar gyfer plant ag anghenion arbennig. Yn ei ysgol newydd, yr oedd ei athrawon yn hoff iawn ohono, ac yno hefyd yn ymddwyn yn foneddigaidd a dymunol. Mewn ffordd, daeth Alexander â'i ymddygiad ymosodol allan trwy gêm o wyddbwyll. Creodd gwyddbwyll gwlwm dwfn rhwng Alecsander a'i dad-cu. Ond marwolaeth ei daid a'i torrodd.

Cyflawnodd Alexander y llofruddiaeth gyntaf yn 18 oed pan ddechreuodd y ferch yr oedd yn ei hoffi garu dyn arall.

Aeth Alexander i Barc Bitsa gyda photel o fodca a'i fwrdd gwyddbwyll a gofynnodd i ddieithriaid a oeddent am ymuno ag ef mewn gêm.

Dynion hen neu ganol oed oedd y rhan fwyaf o ddioddefwyr Alecsander. Roedd rhai merched a phlant ymhlith y dioddefwyr hefyd. Roedd Alexander yn arfer mynd â'i ddioddefwyr i'r man lle roedd wedi claddu ei gi. Mae'n gwneud iddyn nhw eistedd, chwarae gwyddbwyll gyda nhw, ac yna'n sydyn yn eu lladd.

Roedd deg dioddefwr Alexander yn byw yn ei gyfadeilad fflatiau, y gellir ei ddeall o'i ddatganiad ei bod yn fwy dymunol ac yn haws lladd y bobl rydych chi'n agos atynt.

Gôl Alexander oedd lladd cyfanswm o 64 o sgwariau gwyddbwyll. Mewn llawer o'i lofruddiaethau, cymerodd hefyd ddymuniad olaf y dioddefwr i ystyriaeth.

Y cwestiwn oedd, pam y cyflawnodd Alecsander y llofruddiaethau?

Un posibilrwydd fyddai anaf ei blentyndod. Yn ail, gwnaed hwyl am ei anaf yn yr ysgol. Cafodd ei gythruddo gan gymhlethdod israddoldeb. Roedd am wneud i eraill deimlo fel y teimlai bryd hynny.

Yr emosiwn amlycaf a bortreadodd Alexander oedd hunangyfiawnder. Ymddygodd fel pe bai'n gwneud cymwynas â'i ddioddefwyr trwy eu rhyddhau i fyd newydd. Nid oedd Alexander yn ystyried realiti ei droseddau na'r dinistr a achoswyd gan eraill.

Ni chafodd Alexander Pichushkin ddiagnosis o unrhyw salwch meddwl, ond mae'n ymddangos ei fod yn wallgof. Roedd y ffordd y disgrifiodd ei gymhellion yn dangos bod rhywbeth y tu mewn iddo nad oedd ganddo reolaeth drosto a achosodd iddo ymddwyn yn annynol.

Ganed Alexander Pichushkin ar Ebrill 9, 1974 ym Moscow, Rwsia. Heddiw, mae Pichushkin yn treulio diwrnod olaf ei ddedfryd yng ngharchar yr Arctig "Tylluan Begynol".

5. Earle Leonard Nelson (Unol Daleithiau)

Ganed Earle Leonard Nelson ar Fai 12, 1897, yn San Francisco, California, UDA Roedd Earle Leonard Nelson yn lofrudd cyfresol Americanaidd, yn treisiwr ac yn dreisio corff. Mae'n cael ei ystyried fel y llofrudd rhyw cyfresol cyntaf y gwyddys amdano yn yr ugeinfed ganrif. Dyn rhyfedd ei olwg oedd Nelson. Yr oedd ganddo dalcen mawr, gwefusau chwyddedig, a dwylaw hirion, yr hyn a enillodd iddo y llysenw "The Gorilla Murderer."

Cafodd Nelson blentyndod anodd iawn. Pan oedd yn ddwy flwydd oed, bu farw ei dad a'i fam. Yn ddiweddarach magwyd hi gan ei nain. Pan oedd yn 10 oed, bu mewn gwrthdrawiad â char wrth reidio beic yn y stryd, syrthiodd ar ei ben, a llewygu. Ar ôl tua wythnos, pan adenillodd ymwybyddiaeth, dechreuodd ymddwyn fel gwallgofdy. Mae cur pen a cholli cof wedi dod yn gyffredin. Dyna sut y dechreuodd ei fywyd fynd heibio. Pan fu farw ei nain yn 14 oed, roedd yn byw gyda'i fodryb Lillian.

Daeth yn gaeth i ryw wyrdroëdig pan oedd yn 12-13 oed a dechreuodd fastyrbio pryd bynnag y gwelodd ferch yn mynd neu'n mynd. Ym 1915, yn 17 oed, cafodd ei ddedfrydu i ddwy flynedd yn y carchar am ysbeilio tŷ rhywun. Am beth amser, bu'n gwasanaethu yn Llynges yr Unol Daleithiau, ond oherwydd ei arferion rhyfedd a'i gamymddwyn, cafodd ei danio oddi yno a'i dderbyn i Ysbyty Meddwl Talaith Napa yng Nghalifffornia. Rhedodd i ffwrdd o'r ysbyty deirgwaith, ac yn ddiweddarach rhoddodd staff yr ysbyty y gorau i chwilio amdano.

Yn 21 oed, dechreuodd Nelson gyflawni troseddau rhyw. Ym 1921, ceisiodd Nelson dreisio merch 12 oed o'r enw Mary Summers, a oedd yn byw yn y gymdogaeth. Cydiodd pobl ef pan gododd y ferch larwm. Derbyniodd yr heddlu ef eto i Ysbyty Meddwl Talaith Napa. Cafodd ei ryddhau o Sefydliad Meddwl Napa yn 1925 a dechreuodd sbri llofruddiaeth yn gynnar yn 1926.

Roedd y rhan fwyaf o ddioddefwyr Nelson yn landlordiaid, yr oedd yn arfer cysylltu â nhw ar yr esgus o rentu ystafell.

Gwnaeth Earle ei ddioddefwr cyntaf, Clara Newman, ar Chwefror 20, 1926. Roedd Clara Newman yn weddw 62 oed ac yn berchen ar nifer o dai llety. Roedd ystafell wag yn ei chartref yn Pierce Street, lle roedd hi'n byw, ac ar y drws roedd placard â'r geiriau "To Let."

Cerddodd Earle Stanley Nelson, mewn siwt lân ac fel gŵr bonheddig, draw at ddrws Clara Newman a chanodd y gloch. Roedd Clara yn byw yn y tŷ gyda'i nai, Merton Newman, ond roedd ar ei phen ei hun ar y pryd. Agorodd y drws ei hun a mynegodd Nelson yn gwrtais ei awydd i rentu'r ystafell. Gwahoddodd Clara Earle Stanley Nelson i mewn.

Roedd hi'n fore Sadwrn oer ym mis Chwefror. Tua dwy awr yn ddiweddarach, pan ddychwelodd nai Clara, Merton Newman, adref, gwelodd ddyn yn gwisgo cap i dop ei lygaid ac yn cerdded allan y drws.

Gofynnodd Merton i'r dieithryn, gan synnu, "Pwy wyt ti?"

Ni allai Merton Newman weld y dyn yn dda, gan fod ei gorff cyfan wedi'i orchuddio â dillad.

Dywedodd y dyn (Earle Stanley Nelson) mewn syndod, "Dywedwch wrth y feistres byddaf yn ôl ymhen ychydig. Rwyf am rentu ystafell."

Yna, heb aros am ateb, diflannodd y dieithryn i'r niwl.

Cyrhaeddodd Merton Newman i mewn i'r gegin, gan alw am Modryb Clara. Yno, roedd y llaeth wedi mynd yn drwchus iawn wrth ferwi. Trodd y nwy i ffwrdd yn gyflym a grwgnach, "Mae Modryb yn mynd yn anghofus."

Chwiliodd Merton sawl ystafell, gan gyrraedd ystafell ar yr ail lawr o'r diwedd, a'i lygaid yn rhwygo gan ofn. Roedd Clara yn gorwedd yn noeth o dan y gwely. Roedd marciau clwyfau ar ei chorff hefyd, sy'n dynodi bod rhywun wedi ymosod arni. Datgelodd y post-mortem fod Clara wedi'i llofruddio trwy dagu. Y peth tristaf oedd i Clara gael ei threisio ar ôl ei marwolaeth.

Ar Fawrth 2, 1926, yn San Jose, cafodd gwraig oedrannus 63 oed o'r enw Laura Beale ei thagu i farwolaeth. Datgelodd y post-mortem ei bod hi hefyd wedi cael ei threisio ar ôl ei marwolaeth.

Roedd Laura Beale yn ddynes gyfoethog, yn weithiwr eglwysig, ac yn arweinydd y Christian Women's Restaint Association. Roedd y gwregys o raff sidan mor dynn o amgylch ei gwddf nes iddi fynd yn sownd yn y cnawd. Roedd wedi'i lapio'n dynn o amgylch ei gwddf sawl gwaith. Daeth y cyhuddedig hefyd i le Laura Beale i gael ystafell i'w rhentu.

Ym mis Mawrth 1926, ymosododd Nelson ar nifer o ferched, ond fe wnaethant oroesi.

Rhoddodd Nelson hances yng ngheg Mrs Courier a cheisiodd ei thagu. Llwyddodd i fynd allan o'r tŷ a ffodd y llofrudd.

Ceisiodd Nelson roi trwyn o amgylch gwddf Mrs. Vickers, ond llwyddodd i ddianc o'r ymosodiad o drwch blewyn. Yma hefyd, roedd Nelson eisiau rhentu fflat.

Ar yr un diwrnod, roedd Elsie Ehlert mewn siop yn San Jose. Yna ceisiodd Nelson ei thagu ond bu'n aflwyddiannus. Llwyddodd Edna Martano i ddianc o ymosodiad tebyg o drwch blewyn.

Ymosododd Nelson ar Regina Bertsher, 21, ddwywaith mewn un diwrnod. Pan oedd Regina Bertsher ar lawnt gefn ei thŷ yn gynnar yn y bore, ymosododd Nelson arni drwy ddringo wal. Ond crafu Regina Bertsher yn wael gyda'i hewinedd mawr a dechrau crio. Rhedodd Nelson i ffwrdd, yn ofnus ac yn ofnus.

Yn y prynhawn, cyn gynted ag yr agorodd Regina Bertsher y drws i adael y tŷ, ymosododd Nelson, yr hwn oedd yn cuddio gerllaw, eto. Ond caeodd Regina Bertsher y drws ar unwaith.

Ar Fawrth 13, 1926, gwelwyd y llofrudd a hysbyswyd yr heddlu. Arestiodd yr heddlu sawl un a ddrwgdybir yn yr achos o dagu, ond ni chafwyd yr un yn euog.

Penliniodd Nelson i farwolaeth ar 10 Mehefin, 1926, yng nghartref Lillian St. Mary, 63, San Francisco. Roedd hi ar fin gadael y tŷ pan ymddangosodd dyn, yn gofyn am ystafell i'w rhentu. Dagodd Nelson a threisio St. Mary cyn gynted ag y daeth i mewn i'r tŷ. Anffurfiodd Nelson Mary yn ei ymosodiad diabolaidd.

Ar 24 Mehefin, 1926, arhosodd Nelson mewn gwesty yn Santa Barbara, California. Yn yr ystafell drws nesaf iddi roedd Ollie Russell, 35 oed. Yn ystod y nos, pwyntiodd tuag at ei hystafell. Wrth i'r drws agor, fe wthiodd Ollie Russell i mewn a chau'r drws. Wrth glywed scuffle, sbecian gwestai trwy dwll y clo a gweld dyn yn ymgodymu â dynes. Roedd yn meddwl eu bod yn cael hwyl oherwydd doedd dim swn sgrechian. Felly aeth i'w ystafell a chysgu.

Treisiodd Nelson Russell a'i thagu â rhaff, gan adael ei chorff ar y gwely.

Ar Awst 16, 1926, aeth Nelson i mewn i fflat yn Oakland, California ar yr esgus o rentu tŷ, a lladdodd Mary C. Nisbet, 51 oed, perchennog y fflat, trwy ei tharo â thywel am ei gwddf.

Roedd rhai llygad-dystion wedi gweld y llofrudd yn agos ac yn ei ddisgrifio fel dyn tebyg i gorila.

Ar Hydref 19, 1926, aeth Nelson ar yr helfa eto. Y tro hwn fe dagodd a threisio Beat Bee Withers, 35 oed, yn Portland, Oregon.

Dau ddiwrnod yn ddiweddarach, ail-wynebodd ei chythreuliaid, ac ar Hydref 21, 1926, tagodd Nelson Virginia Ada Grant, 59, yn Portland, Oregon. Daethpwyd o hyd iddi drannoeth, yn gorwedd yn farw yn islawr ei thŷ gwag. Roedd ei chlustdlysau a modrwy hefyd ar goll.

Ar Hydref 23, 1926, cafodd Mabel H. Fluke Macdonald, 35, ei thagu i farwolaeth gan ei sgarff yn Portland, Oregon. Cafodd ei threisio hefyd. Roedd ganddo hefyd ystafell wag i'w rhentu.

Ar 18 Tachwedd, 1926, daeth Nelson i rentu ystafell yn Willie Anna Edmonds, gwraig weddw 56 oed o San Francisco, California. Cafodd hi hefyd ei thagu i farwolaeth a'i cham-drin yn rhywiol. Cafodd ei gemwaith ei ddwyn hefyd.

Drannoeth y digwyddiad hwn, ar Dachwedd 19, 1926, yn Burlingame, California, llwyddodd Mrs HC Murray, 28 oed, i ddianc o ymosodiad Nelson o drwch blewyn. Roedd hi'n dangos y tŷ iddo i'w rentu pan afaelodd â hi o'r tu ôl. Ceisiodd Nelson ei ladd trwy ei dagu. Crafu Mrs Murray wyneb a llaw Nelson, a dechreuodd sgrechian, gan achosi Nelson i redeg i ffwrdd mewn braw.

Yng Nghaliffornia, roedd Mrs. HC Murray wedi ei weld, felly ffodd Nelson i Washington i ddianc rhag yr heddlu.

Ar Dachwedd 23, 1926, wrth grwydro strydoedd Seattle, sylwodd ar dŷ ar werth. Yno daeth o hyd i Florence Monxo, gwraig weddw 48 oed oedd yn gwerthu ei thŷ. Y tro hwn treisiodd Nelson Florence am y tro cyntaf ac yna ei thagu i farwolaeth fel o'r blaen. Dygodd hefyd rai addurniadau oddi yma.

Ar 29 Tachwedd, 1926, tagodd Nelson ddynes 48 oed, Blanche Myers, i farwolaeth gyda hances boced a'i threisio wrth edrych ar ystafell i'w rhentu yn Portland, Oregon.

Cafodd Almira Clements Berard ei lofruddio ar 23 Rhagfyr, 1926, yn Council Bluffs, Iowa. Cafodd ei cham-drin yn rhywiol. Roedd crys wedi ei glymu o amgylch ei gwddf. Roedd pobl wedi clywed Berard yn siarad â dieithryn am rentu ystafell.

Dienyddiwyd Bonnie Copenhauer Pace yn ei chartref yn Kansas City, Missouri, ar Ragfyr 27, 1926. Cafodd ei threisio, ei churo, a'i thagu.

Y diwrnod wedyn, ar 28 Rhagfyr, 1926, yn Kansas City, Missouri, lladdodd Nelson ddynes 28 oed, Germaine Harpin, a'i mab wyth mis oed, Robert Harpin. Fe wnaeth Nelson hefyd dreisio Germania ar ôl ei marwolaeth.

Ar Ebrill 27, 1927, torrodd Nelson i mewn i gartref Mary E. McConnell, 53 oed, yn Philadelphia, Pennsylvania, ac ymosod arni. Fe'i treisiodd hi trwy ei thagu â lliain o'r tu ôl. Cafodd oriawr aur ei dwyn hefyd o'i thŷ.

Ar Fai 30, 1927, yn Buffalo, Efrog Newydd, rhentodd Nelson ystafell i Jenny Randolph, 55 oed, a'i thagu i farwolaeth gyda thywel yr un noson. Fe wnaeth hefyd dreisio'r Jenny farw ac yna rhedeg i ffwrdd.

Ar 2 Mehefin, 1927, llofruddiwyd Mary Cecilia Sietsema, 27, yn Chicago, Illinois. Cafodd ei threisio a'i thagu â gwifren ffôn.

Pan ddechreuodd yr heddlu sgwrio'r wlad yn egnïol i chwilio am y llofrudd cyfresol Nelson, fe ffodd i Ganada. Yma hefyd, dechreuodd chwilio am ddioddefwyr llofruddiaeth a threisio. O'r diwedd, daeth ei chwiliad i ben yn Winnipeg, Manitoba.

Ar 9 Mehefin, 1927, yn Winnipeg, Manitoba, cafodd Nelson olwg ar ferch 13 oed, Lola Margaret Cowan. Roedd hi'n arfer mynd o ddrws i ddrws yn gwerthu blodau. Roedd Nelson wedi rhentu ystafell gerllaw. Ar yr esgus o brynu blodau, gwahoddodd Cowan i'w ystafell a ffoi ar ôl ei lladd a'i threisio.

Y diwrnod wedyn, ar 10 Mehefin, 1927, treisiodd Nelson a thagu Emily Patterson, 27 oed, i farwolaeth yn Winnipeg, Manitoba. Cafodd rhai pethau gwerthfawr hefyd eu dwyn o'i thŷ. Daeth Emily Patterson yn ddioddefwr olaf Nelson. Yr oedd diwedd Nelson yn agos.

Ar ôl lladd Emily Patterson, aeth Nelson i siop ddillad vintage lle gwerthodd eitemau a gafodd eu dwyn o gartref Patterson. Yna aeth at farbwr i eillio, lle gwelodd y barbwr wallt Nelson wedi'i arogli â gwaed a'i riportio'n gyfrinachol i'r heddlu.

Ar 16 Mehefin, 1927, arestiodd heddlu Killarney, Manitoba Nelson am ddau lofruddiaeth o Ganada - tra roedd yn cerdded i chwilio am ei ddioddefwr nesaf. Newidiodd Nelson ei enw i "Virgil Wilson" i dwyllo'r heddlu. Yn y cyfamser, fe ddihangodd o'r ddalfa trwy glosio'r heddlu.

Roedd Nelson yn rhedeg ar hyd traciau'r trên, ac roedd yr heddlu a'r cyhoedd yn rhedeg ar ei ôl i'w ddal. Parhaodd y rhediad llygod mawr a chathod hwn am fwy na 12 awr. Ac yn olaf, cafodd Nelson ei ddal o dan bont rheilffordd. Y tro hwn, nid oedd yn gwrthwynebu.

Sarnodd Nelson ei enw iawn yn ystod holi dwys. Daeth ei weithredoedd tywyll yn amlwg i'r byd. Wrth i enw Nelson godi yn y cyfryngau, ymgasglodd tua 4,000 o bobl y tu allan i orsaf yr heddlu i gael cipolwg ar y llofrudd milain.

Safodd Nelson ei brawf ar Dachwedd 1, 1927, mewn llys yn Winnipeg, Manitoba, wedi ei gyhuddo o lofruddio Emily Patterson. Cafodd mwy na 60 o dystion eu galw i'r llys.

Yn ystod ei garchariad, dywedodd Nelson nad oedd yn euog o unrhyw drosedd. Dywedodd mai ewyllys Duw oedd y lladd.

Cafodd Nelson ei gadw mewn "cell farwolaeth" ac nid oedd wedi'i gael yn euog eto oherwydd bod y swyddogion yn ofni y gallai'r dorf ei ladd.

Ar 5 Tachwedd, 1927, dedfrydwyd Nelson i farwolaeth gan Ustus Dysart am lofruddio Emily Patterson. Ni chafodd ei gyhuddo o unrhyw lofruddiaethau yn yr Unol Daleithiau.

Datganodd Nelson ei hun yn wallgof i'w amddiffyn. Ond wedi prawf pedwar diwrnod, cafwyd ef yn euog, a dydd Gwener, Ionawr 13, 1928, crogwyd Earle Leonard Nelson, llofrudd o fwy na 22 o bobl, yng Ngharchar Vaughan Street, Winnipeg, Manitoba. "Rwy'n maddau i bawb a fethodd â gwneud cyfiawnder â mi," meddai Nelson yn ei eiriau olaf. Anfonwyd ei chorff at ei modryb Lillian yn San Francisco, California.

6. Peter Kuerten (Yr Almaen)

Aelwir yn "Famer Dusseldorf." Roedd ei gymhelliad yn glir o'r dechrau: i ddial ar gymdeithas. Nid edifarhaodd erioed am ei droseddau, er i gymdeithas barhau i'w gondemnio. Lladdodd ddynion, merched, plant, a hyd yn oed anifeiliaid anwes! Pa fath o ddialedd oedd hyn?

Ganed Peter Kuerten Mai 26ain, 1883 yn Mülheim am Rhein, Cologne. Roedd ei deulu yn cynnwys tri ar ddeg o blant, ac ef oedd yr hynaf. Tyfodd i fyny mewn tlodi a gwelodd lawer o drais. Roedd pob un o'r 15 aelod o'r teulu yn byw mewn fflat un ystafell wely. Roedd ei dad yn alcoholig ac yn odinebwraig. Wrth ddychwelyd adref o'i waith fin nos, arferai guro'r plant a'r wraig a'i threisio o flaen y plant. Mewn blynyddoedd diweddarach, fe ymosododd hefyd yn rhywiol ar ei ddwy ferch. Yn 1897, carcharwyd ef am 36 mis ar y cyhuddiad hwn. Yn dioddef o aflonyddu ei gŵr, ysgarodd mam Kuerten, ailbriododd, a symudodd i Dusseldorf.

Yn naw oed, tra'n chwarae ar Afon Rhein, gwthiodd Peter ffrind i'r dŵr o rafft. Pan ddechreuodd y bachgen foddi, neidiodd bachgen arall i'r dŵr i'w achub. Daliodd Peter Kuerten y ddau o dan y dŵr nes iddyn nhw fygu. Priodolwyd marwolaethau y ddau fachgen hyn yn ddiweddarach i ddamwain, a dihangodd Pedr yn lân.

Felly, daeth marwolaethau pobl yn gêm i Peter Kuerten. Yn fuan, daeth yn ffrindiau â daliwr cŵn oedd yn byw gerllaw. Gyda hyn, dechreuodd Peter hefyd fynd o amgylch y strydoedd a dal anifeiliaid strae. Yn ddiweddarach, cafodd yr anifeiliaid hyn eu harteithio i farwolaeth. Dechreuodd Peter hefyd fod yn gyfranogwr gweithredol yn y gwaith hwn.

Yn 13 oed, daeth Kuerten yn ffrindiau â merch o'r un oedran. Pan geisiodd Kuerten ei cham-drin yn rhywiol, fe wnaeth y ferch ei atal. Caniataodd hi iddo wneud cariad i'r brig ond gwrthododd gael cyfathrach.

I fodloni ei ysfa rywiol, bu Cuerten yn creulon ar ddefaid, moch a geifr yn y stablau lleol ac yn ddiweddarach trywanodd yr anifeiliaid. Ceisiodd hefyd dreisio'r un chwaer yr oedd ei dad wedi'i molestu yn gynharach.

Yn 16 oed, ysbeiliodd Peter dŷ, ffodd i Koblenz, a chyflawnodd fân droseddau i gael dau ben llinyn ynghyd. Cafodd ei ddal bedair wythnos yn ddiweddarach a'i ddedfrydu i fis o garchar am ladrad. Dechreuodd gyflawni troseddau eto ar ôl cael ei ryddhau o'r carchar.

Ym mis Tachwedd 1899, cododd Kuerten ferch 18 oed, Alstrae, a mynd â hi gydag ef i'r Hofgarten. Cafodd ryw gyda'r ferch yn rymus a'i thagu'n anymwybodol cyn ei gadael am farw. Teimlai mai dyma'r unig ffordd i gyflawni ecstasi rhywiol.

Ym mis Hydref 1900, arestiwyd Kuerten yn Derendorf ar gyhuddiadau o ddwyn a thwyll a'i ddedfrydu i bedair blynedd o garchar.

Ar ôl iddo gael ei ryddhau o'r carchar yn 1904, bu'n rhaid i Kuerten gyflawni'r gwasanaeth gofynnol yn y Fyddin Ymerodrol Almaeneg. Cafodd ei bostio i ddinas Metz yn Lorraine i wasanaethu yn y 98fed Catrawd Troedfilwyr.

Un noson oer o aeaf, mewn ffit o gyffro rhywiol, ceisiodd ddal anifail crwydr heb fod ymhell o'i babell filwrol. Pan redodd yr anifail i ffwrdd, taflodd Pedr y matsys llosgi tuag ato. Rhedodd yr anifail i ffwrdd, ond aeth y cnwd sych oedd yn sefyll gerllaw ar dân. Lledodd y tân i'r pebyll milwrol. Ar ôl yr ymchwiliad, cafodd Kuerten ei brawf mewn llys milwrol a'i ddedfrydu i wyth mlynedd.

Rhyddhawyd Peter o'r carchar yn y flwyddyn 1913. Ymroi drachefn i droseddu. Ar 25 Mai, 1913, aeth Peter i mewn i dŷ diarffordd yn Rhein, Cologne, gyda'r bwriad o fyrgleriaeth. Roedd yn dwyn pethau gwerthfawr pan ddaeth merch 10 oed o'r enw Christine Klein, a oedd yn cysgu mewn ystafell arall, yno. Wrth ei gweld, siglodd Peter ei cheg ynghau a'i lladd yn ddidrugaredd â nifer o gyllyll, yna rhedodd i ffwrdd ar ôl casglu pethau gwerthfawr.

Ddeufis yn ddiweddarach, torrodd Kuerten i mewn i dŷ yn Dusseldorf i ddwyn. Yno fe dagodd ferch 17 oed o'r enw Gertrude Franken tra'n cysgu a mastyrbio arni hefyd. Yna fe wnaeth ddwyn y pethau gwerthfawr a rhedeg i ffwrdd.

Ar 14 Gorffennaf, 1913, arestiwyd Kuerten yn nhref Bregue ar gyhuddiad o losgi bwriadol, ymosod, a nifer o ladradau. Dedfrydwyd ef i chwe blynedd, yr hyn a gynyddwyd yn ddiweddarach i wyth mlynedd.

Ar ôl iddo gael ei ryddhau ym mis Ebrill 1921, ymfudodd Kuerten i Altenberg. Yma cyfarfu â chyn butain o'r enw Auguste Scharf. Cafwyd hi'n euog o lofruddio ei dyweddi cyntaf a threuliodd bedair blynedd yn y carchar. Yn fuan, priododd y ddau ohonynt.

Yn y flwyddyn 1925, daeth i Dusseldorf gyda'i wraig, Scharf, a dechreuodd weithio yno. Aeth tair neu bedair blynedd heibio, ond ni newidiodd ei feddylfryd troseddol. Yn fuan, cafodd ryw anghyfreithlon gyda dwy fenyw o'r enw Tyde a Mech. Roedd yn arfer eu poenydio a chael rhyw gyda nhw. Dywedodd ei fod yn arfer cael ecstasi o gael rhyw tra'n tagu'r merched.

Yn fuan, daw ei wraig, Auguste, i wybod am anffyddlondeb ei gŵr. Auguste yn holi Tide a Mech. Honnodd Tide fod Kuerten wedi ei hudo; Honnodd Mech fod Kuerten wedi ei dal hi. Felly, derbyniodd Kuerten ddedfryd o wyth mis yn y carchar am swyno ac ymddygiad bygythiol.

Ar ôl ei ryddhau, ar Chwefror 3, 1929, herwgipiodd Kuerten fenyw oedrannus o'r enw Apollonia Kuhn yn Flingern Nord a'i chludo y tu ôl i lwyni cyfagos, gan ei thrywanu 24 gwaith â siswrn. Roedd hi'n ffodus ei bod hi wedi goroesi.

Ar noson Chwefror 9, 1929, herwgipiodd Kuerten ferch naw oed o'r enw Rosa Ohliger ar y ffordd i Flingern Nord a'i lladd trwy dorri ei chorff â siswrn. Yn ddiweddarach, honnodd, mai yn ystod y cyfnod hwn y cafodd bleser orgasmig.

Ar Chwefror 13, 1929, llofruddiodd Kuerten beiriannydd 45 oed o'r enw Rudolf Scheer yn Flingern Nord ei hun yn ddiangen. Cafodd ei drywanu ugain gwaith yn y pen, cefn, a llygaid.

Rhwng mis Mawrth a mis Gorffennaf 1929, ceisiodd Kuerten dagu pedair menyw, a honnodd un ohonynt ei bod wedi taflu i Afon Rhein.

Ar Awst 11, 1929, denodd Kuerten fenyw ifanc o'r enw Maria Hahn ar esgus priodas a daeth â hi i ardal Neanderthal yn Dusseldorf, mewn lleoliad anghysbell. Fe'i tagodd hi, ei thrywanu yn y frest a'r pen, yna eisteddodd ar ei chorff ac aros iddi farw. Fodd bynnag, plediodd Hahn dro ar ôl tro i achub ei bywyd. Yn ddiweddarach claddodd Kuerten ei chorff mewn maes corn.

Ysgogodd y braw gwaedlyd cynyddol yn ardal Dusseldorf banig a dicter. Ond doedd dim ots gan Kuerten. Ar fore Awst 21, 1929, fe drywanodd yn ddifrifol ferch 18 oed, dyn 30 oed, a dynes 37 oed mewn ymosodiadau ar wahân.

Dau ddiwrnod yn ddiweddarach, ar Awst 23, 1929, mewn ffair yn nhref Flehe, cyfarfu Kuerten â'r ddwy chwaer. Roedd y chwaer hŷn, Louise Lenzen, yn 14 oed a'r iau, Gertrude Hammacher, yn bum mlwydd oed. Denodd Kuerten Lewis i gael sigarét, ac o'r tu ôl, cododd Gertrude Hammacher uwch ei wddf a thaflu ei chorff i'r bin sbwriel trwy ei thagu a'i hollti â chyllell. Pan ddychwelodd Louise gyda sigarét, lladdodd Kuerten hi hefyd, trwy ei thagu a'i thrywanu.

Ar Awst 24, 1929, daliodd Kuerten fenyw 27 oed o'r enw Gertrude Schulte a bygwth cael rhyw gydag ef. Ar ôl protestio, gwaeddodd Kuerten, "Iawn, yna marw!" Wedi hynny, fe drywanodd hi sawl gwaith. Ond goroesodd hi, ond ni allai ond dweud wrth yr ymosodwr ei fod yn ddyn tal a theg.

Ar noson Medi 30, 1929, daliodd Kuerten ferch 31 oed o'r enw Ida Reuter o orsaf Dusseldorf a'i pherswadio i fynd gyda hi i gaffi. Yna dechreuodd y ddau gerdded ar hyd yr afon Rhein. Yma y tarodd Kuerten hi dro ar ôl tro ar ei phen gyda morthwyl cyn ac ar ôl y treisio.

Ymbiliodd ar Kuerten i achub ei bywyd. Mewn ymateb, Kuerten yn syml "taro ei phen gyda morthwyl."

Ar Hydref 11, 1929, gwnaeth Kuerten yr un peth i Elizabeth Dorrier, 22 oed, ag Ida Reuter. Ar Hydref 25, 1929, ymosododd Kuerten ar ddwy ddynes gyda morthwyl, ond goroesodd y ddau, wrth i forthwyl Kuerten gael ei dorri yn ystod yr ymosodiad.

Ar 7 Tachwedd, 1929, lladdodd Kuerten ferch bump oed o'r enw Gertrude Olbermann gyda siswrn yn nhref Flingern, Dusseldorf.

Mae'r pwysau ar yr heddlu wedi cynyddu'n sylweddol. Weithiau roedd y llofruddiaeth yn cael ei wneud gyda chyllell, weithiau gyda siswrn, ac weithiau gyda morthwyl, felly roedd yr heddlu'n credu bod mwy nag un troseddwr. Erbyn diwedd 1929, cynhaliodd heddlu Dusseldorf gyrchoedd helaeth mewn lleoliadau amheus ar draws y ddinas. Fe wnaethon nhw holi mwy na 9,000 o bobl a pharatoi rhestr enfawr o enwau amheus.

Ceisiodd Kuerten ladd llawer o bobl o fis Ionawr i fis Ebrill 1930, ond nid yn unig y gwnaethant i gyd oroesi, ond rhoddodd llawer hefyd fanylion am ymddangosiad Kuerten i'r heddlu.

Wrth chwilio am waith, cyrhaeddodd merch 20 oed o'r enw Maria Budlik Dusseldorf o Cologne ar Fai 14, 1930. Gofynnodd Maria i ddyn oedd yn mynd heibio am gyfeiriad tŷ preswyl. Dywedodd y dyn, "Canlyn fi."

Dechreuodd Maria ddilyn y dyn. Fodd bynnag, daeth yn bryderus pan ddechreuodd y dyn fynd â hi i barc llai poblog. Dechreuodd y ddau ddadlau. Yna daeth person arall at y ddau a gofyn i'r ferch a oedd y dyn yn ei phoeni. Felly amneidiodd Maria ac ateb, "Ie." Wrth weled hyn, gadawodd y dyn cyntaf yno.

Y newydd-ddyfodiad oedd Peter Kuerten. Dywedodd Maria wrtho ei bod wedi dod yno i chwilio am waith. Cynigiodd Peter Kuerten ei chadw yn ei fflat yn Mettmanner Strasse. Cytunodd Maria.

Aeth â hi i'w fflat. Nid oedd ei wraig gartref y noson honno, felly roedd yn meddwl ei fod yn gyfle da iddo. Ceisiodd gael rhyw gyda

Maria, ond gwrthododd Maria. Gan y byddai ei wraig yn dod yn y bore, cytunodd i ddod o hyd i rywle arall iddi aros.

Aethant ar dram a glanio yn Grafenberger. Oddi yma, aeth Peter Kuerten â hi i'r goedwig. Cydiodd Kuerten hi gerfydd ei gwddf a'i threisio. Gadawodd Peter Kuerten iddo fynd yn fyw, gan ddweud bod "ei fwriad i'w ladd wedi newid oherwydd nad oedd hi'n gwrthwynebu."

Ni aeth Maria at yr heddlu ar unwaith, ond yn lle hynny, ysgrifennodd lythyr at ffrind a dweud wrth ei phoen. Trwy hap a damwain, cyrhaeddodd y llythyr y cyfeiriad anghywir. Pan agorodd menyw ef, aeth ag ef at yr heddlu ar unwaith. Mae ditectifs yr heddlu yn dod o hyd i Maria Budlik ac yn ei pherswadio i roi adroddiad llawn o'r digwyddiad.

Aeth Maria â'r heddlu i Mettmanner Strasse, cyfeiriad Peter Kuerten, ond ni ddaethpwyd o hyd iddi gartref. Wrth weld yr heddlu o bell, fe ffodd. Cyn hyn, dywedodd wrth ei wraig am ei holl droseddau. Dywedodd hefyd beth ddigwyddodd i Maria.

Dywedodd gwraig Kuerten wrth yr heddlu, er ei bod yn gwybod bod ei gŵr wedi cyflawni llawer o droseddau yn y gorffennol, roedd hefyd wedi mynd i'r carchar sawl gwaith. Ond mae hefyd yn llofrudd, er na wyddai hi hynny. Sicrhaodd yr heddlu y byddai'n hysbysu'r heddlu cyn gynted ag y byddai ei gŵr yn dod ati.

Ar Fai 24, 1930, ar wybodaeth gwraig Kuerten, arestiwyd Kuerten y tu allan i Eglwys St. Rochas. Plediodd Kuerten yn euog i gyfanswm o 68 o droseddau, gan gynnwys 9 cyhuddiad o lofruddiaeth a 31 o geisio llofruddio. Cyfaddefodd Kuerten hefyd i ymchwilwyr a seiciatryddion fod gwaed a thagu wedi bodloni ei orgasms. Cyfaddefodd hefyd ei fod wedi llyfu'r gwaed o wddf un dioddefwr, croen y pen un arall, a dwylo trydydd dioddefwr. Unwaith, fe yfodd cymaint o waed o wddf wedi torri nes iddo chwydu.

Ar Ebrill 13, 1931, dechreuodd prawf Peter Kuerten yn Dusseldorf yn llys y Barnwr Dr. Cafodd ei gyhuddo o naw cyhuddiad o lofruddiaeth a saith cyhuddiad o geisio llofruddio. Yn ystod yr achos, gosodwyd Kuerten mewn cawell haearn cryf gyda llyffetheiriau wrth ei draed fel na fyddai'n cael ei niweidio gan ymosodiadau gan berthnasau blin y dioddefwyr.

Parhaodd yr achos am ddeg diwrnod. Ar Ebrill 22, 1931, cafwyd Kuerten yn euog a'i ddedfrydu i farwolaeth ar naw cyfrif o lofruddiaeth. Ar noson Gorffennaf 1, 1931, cafodd bryd olaf o datws wedi'u ffrio, Wiener schnitzel, a gwin gwyn. Am 6 am ar 2 Gorffennaf, 1931, aethpwyd ag ef i'r gilotîn yng ngharchar Klingelputz a'i ddienyddio, er gwaethaf protestiadau gan hawliau dynol yr Almaen.

Roedd ei ben wedi'i dorri'n fymïo a gwnaed dadansoddiad fforensig. Ni chanfuwyd unrhyw annormaledd yn hyn. Yn ddiweddarach gosodwyd pen Kuerten yn Amgueddfa Credwch neu Ddim Ripley yn Wisconsin, Unol Daleithiau America.

7. Alexander Komin (Rwsia)

R oedd Alexander Nikolayevich Komin, sy'n fwy adnabyddus fel 'The Slaveholder', yn llofrudd cyfresol o Rwsia. Ar droad yr 20fed ganrif, roedd y cyfryngau yn ofni Alexander Komin. Rhwng 1995 a 1997, cafodd Rwsia ei hysgwyd gan arswyd y llofrudd cyfresol peryglus hwn. Roedd Alexander Komin, un o laddwyr cyfresol mwyaf peryglus Rwsia, yn arfer targedu pobl anghenus. Ar yr esgus o roi gwaith i'r bobl, byddai'n arfer mynd â nhw i'w dŷ, eu poenydio, a rhoi llawer o drafferth iddynt.

Mae Alexander Mikheev yn mynd gydag ef gyda'i fwriadau sinistr tuag at Alecsander. Roedd y ddau ohonyn nhw wedi meddwl y bydden nhw'n cael y bobl gaeth i wneud gwaith gwnïo, a thrwy werthu eu dillad pwyth, bydden nhw'n dod yn gyfoethog. Er mwyn cadw'r caethweision, bu'r ddau ohonynt yn cloddio am 4 blynedd yn olynol ac yn adeiladu bynceri. Adeiladwyd elevator hefyd i gyrraedd yma. Rhoddwyd cerrynt trydan ar y grisiau a wnaethpwyd i gyrraedd y byncer fel nad oedd neb yn ceisio dianc. Roedd Alexander yn arfer dewis y rhan fwyaf o'r merched ar gyfer ei helfa a'u denu i'r byncer yr oedd wedi'i adeiladu ger ei dŷ. Roedden nhw'n arfer gwneud i'r merched weithio drwy eu cadw'n gaeth gyda chadwyni a'u llwgu am oriau. Nid yn unig hyn, roedd yn arfer eu curo â chwipiau fel anifeiliaid. Os na allai rhywun wneud y gwaith a roddwyd, byddai Alecsander yn ei ladd. Roedd Alexander yn arfer cael tatŵ o'r gair "caethwas" ar dalcen ei gaethweision.

Os teimlai Alecsander nad oedd caethwas o unrhyw ddefnydd iddo, arferai ladd ei gaethweision trwy eu rhewi yn yr eira. Roedd Alecsander yn arfer claddu cyrff marw ei gaethweision ger y byncer. Efallai na fyddai neb wedi gwybod am eu bwriadau sinistr ar gyfer Alecsander pe na bai wedi gwneud camgymeriad.

Ganed Alexander Nikolayevich Alexander Komin ar 15 Gorffennaf, 1953, yn Vyatsky Polyany, Rwsia. Roedd wedi caru hwliganiaeth ers plentyndod. Yn 18 oed, cafodd ei ddedfrydu i 3 blynedd yn y carchar am y ffeloniaeth. Yn ystod ei garchariad, dysgodd waith teiliwr. Tra'n bwrw ei ddedfryd mewn caethiwed, cyfarfu â charcharor a gafwyd yn euog o lafur gorfodol trwy garcharu nifer o bobl ddigartref yn islawr ei gartref. Oddi yma y cododd y syniad o gymeryd gwaith gan bobl fel hyn hefyd yn ei feddwl.

Am flynyddoedd lawer ar ôl iddo gael ei ryddhau o'r carchar, gwnaeth fywoliaeth am flynyddoedd lawer yn gwneud gwaith trydanol a mân waith arall. Wedi hynny, penderfynodd agor ei ffatri gwnïo. Ar gyfer hyn, ymunodd â Alexander Mikheev a dechreuodd gloddio dungeon o dan y garej wag ger ei dŷ. Cymerodd bedair blynedd iddo gloddio'r islawr a pharatoi sawl ystafell ynddo, ac erbyn dechrau 1995, roedd ei garchar tanddaearol yn barod.

Nawr roedd angen crefftwyr ar gyfer gwnïo. Ar gyfer hyn, roedd Alexander Komin eisiau dilyn y fformiwla a ddysgodd yn y carchar - i garcharu pobl yn rymus a'u defnyddio.

Dechreuodd y ddau grwydro o amgylch y ddinas i chwilio am ddarpar weithwyr. Ar Ionawr 13, 1995, ger ysgol ar Stryd Gagarin, cyfarfu Alexander Komin â menyw ifanc o'r enw Vera Talpayeva. Denodd Alexander Komin hi i'r islawr. Gorfododd hi ef i yfed fodca, cael perthynas rywiol â hi, a'i charcharu yn ei byncer. Nid oedd Talpayeva yn gwybod sut i wnïo, ac nid oedd ganddi ddiddordeb mewn dysgu gwnïo. Felly cyflogodd Alexander Komin hi fel labrwr i ehangu'r byncer ymhellach, yn ogystal â'i haflonyddu'n rhywiol.

Rhoddodd Talapayeva gyfeiriad Tatiana Melnikova, teiliwr gwybodus i Alexander Komin. Denodd Alexander Komin hi at ei byncer a'i gorfodi i wnïo. Yn raddol, dechreuodd ennill incwm da o'r busnes gwnïo. Roedd Komin yn arfer gweithio 16 awr i ffwrdd oddi wrth Tatiana ac roedd bob amser dan bwysau i weithio mwy.

Yn y cyfamser, roedd angen mwy o gynghreiriaid arno. Ceisiodd gymodi un o'i garcharorion, Nikolai Mikheev, ag ef. Ond pan wrthododd gydweithredu, lladdodd ef trwy yfed alcohol gwenwynig.

Wythnos yn ddiweddarach, daethpwyd o hyd i'w gorff wedi rhewi yn yr eira.

Ar Fawrth 21, 1995, wrth chwilio am ei gaethwas, daeth Komin o hyd i feddwyn 37 oed o'r enw Yevgeny Shishov ar ei ffordd. Trwy ei ddenu â gwirod rhydd, Dygodd ef i'w seler. Ond pan ddaeth i wybod ei fod yn drydanwr, lladdodd ef gyda chymorth Talapayeva a dympio'r corff marw yn y goedwig. Fel y soniwyd yn gynharach, roedd Komin wedi trydaneiddio'r grisiau sy'n arwain at yr islawr ac nid oedd am i unrhyw un ymyrryd â nhw.

Roedd Melnikova yn gweithio ar ei ben ei hun yn yr islawr, yn gwnïo, ond ni allai gwrdd â galw cynyddol Komin, felly ceisiwyd carcharor newydd. Unwaith eto, gyda chymorth Talapayeva, ar 16 Gorffennaf, 1995, daethpwyd â charcharor newydd, Tatiana Kozhikova, i'r islawr. Ac yn gyflym dysgodd Melnikova Kozhikova i wnïo. Felly, dechreuodd gwaith yn ffatri carchardai Komin mewn grym llawn.

Roedd Alexander Komin yn ddidrugaredd iawn yn y mater o gymryd gwaith. Roedd yn rhaid i'r caethweision weithio 16 awr y dydd ar eu hanner stumogau. Ac roedd yn rhaid i'r ddwy ferch wnio 32 o wisgoedd y dydd.

Un diwrnod, wedi cael llond bol ar erledigaeth, penderfynodd Melnikova a Kozhikova redeg i ffwrdd. Un diwrnod, wrth weld Alexander Komin ar ei ben ei hun, fe wnaeth Melnikova ei gloi mewn ystafell a thorri'r ffiws trydan. Ond ni lwyddasant i ddianc; Torrodd Alecsander Komin drwy'r drws a dod allan a'u dal.

Ar ôl eu curo'n wael, dywedodd wrthyn nhw y byddai'n torri eu cegau i'w clustiau neu'n rhoi sêl caethwas ar eu hwynebau. Dewisodd y ddau yr olaf, a gwnaeth Alexander Komin yr un peth.

O hyn allan, daeth Alecsander yn fwy addfwyn a llymach—roedd yn rhaid i'r ddau deiliwr yn awr weithio gyda hualau ar eu traed.

A pharhaodd y chwilio am y carcharorion. Un diwrnod, daeth Alexander o hyd i ferch hardd 27 oed o'r enw Tatyana Nazimova yn crwydro yng ngorsaf reilffordd Gorky. Roedd hi'n ddigartref am flynyddoedd lawer. Bwydodd Alexander hi a dod â hi at ei byncer. Ond buan iawn y sylweddolodd Alecsander ei fod wedi gwneud camgymeriad. Roedd Nazimova yn ddifrifol wael, yn feddyliol ac yn gorfforol, felly dim ond ar gyfer pleser rhywiol y gellid ei defnyddio.

Am flwyddyn, ymosododd Alexander yn rhywiol ar Nazimova ac yna ei lladd a ffoi, gan adael ei chorff ger morgue y ddinas.

Aeth blynyddoedd lawer heibio. Yn ystod hyn, roedd Alexander Komin yn arwain bywyd syml. Roedd yn byw mewn fflat syml. Hefyd, roedd yn arfer mynd i'w garej bob dydd. Nid oedd cymdeithion Alexander Komin na'i gymdogion yn amau bod gweithgareddau gwrthgymdeithasol yn digwydd yn y garej. Yn ogystal, roedd Alexander Komin wedi'i gofrestru'n ddi-waith gyda'r Gwasanaeth Cyflogaeth Cyhoeddus ac roedd yn derbyn lwfans diweithdra yn rheolaidd.

Yma, roedd Alexander yn cael llawer o incwm o'r busnes gwnïo. Roedd ar ei anterth o lwyddiant entrepreneuraidd. Roedd dillad bellach yn cael eu pwytho ar gyfer y bobl adnabyddus yn y ffatri wnïo.

Ym mis Ionawr 1997, cyrhaeddodd carcharor newydd o'r enw Irina Ganyushkina gyda chymorth Vera Talpayeva. Yn ddiweddarach ceisiwyd hefyd iddi gael ei thrwytho'n artiffisial (gyda chymorth chwistrelli) gan Alexander Komin fel y gallai ddechrau cynhyrchu caethweision newydd iddo.

Yn y cyfamser, un diwrnod, fe arteithiodd a lladd ei gydweithiwr hynaf, Talpayeva, gan ddefnyddio hylif brêc. Roedd hi'n gwybod llawer o'i gyfrinachau.

Roedd amser yn mynd heibio. Yn y cyfamser, syrthiodd Alexander Komin mewn cariad ag Irina Ganyushkina ac roedd eisiau ei phriodi'n ffurfiol. Perswadiodd Kozhikova a Melnikova Irina Ganyushkina i gytuno i'r briodas hon.

Aeth Alexander Komin ag Irina Ganyushkina i'w dŷ yn hyderus. Ar 21 Gorffennaf, 1997, rhedodd Irina Ganyushkina at yr heddlu cyn gynted ag y cafodd y cyfle.

I ddechrau, nid oedd yr heddlu yn credu Irina Ganyushkina. Ar ôl mynnu, aethon nhw ag ef at y byncer. Trwy dorri pŵer, cafodd Melnikova a Kozykova eu gwacáu o'r byncer. Aed â'r ddau i'r ysbyty. Gosododd y ddau rwymynnau o amgylch eu llygaid, rhag iddynt gael eu dallu gan olau'r haul, nad oeddent wedi'i weld ers dwy flynedd.

Arestiwyd Alexander Komin a'i gyd-chwaraewr, Mikheev, ar yr un diwrnod hefyd. Yn gynnar yn 1999, dedfrydodd Llys Rhanbarthol Kirov Alexander Komin i garchar am oes ac Alexander Mikheev i 20 mlynedd yn y carchar. Ar 15 Mehefin, 1999, ar ôl y ddedfryd, cyflawnodd Alexander Komin hunanladdiad mewn cell carchar.

8. Lee Choon-Jae (De Corea)

L laddwr cyfresol De Corea Lee Choon-Jae, 56, a dagodd merched gyda bras a sanau ar ôl eu treisio, treisio a llofruddio 14 o fenywod. Roedd y merched a laddwyd gan y llofrudd cyfresol hwn i gyd rhwng 14 a 71 oed. Ar ôl lladd rhai merched, mae hefyd yn anffurfio eu cyrff gyda llafn. Ond ni ellid ei gosbi am unrhyw un o'r llofruddiaethau hyn, oherwydd erbyn i'r llofrudd gael ei ganfod, roedd y terfyn amser ar gyfer erlyn yr achos wedi dod i ben.

Am flynyddoedd lawer, cuddiwyd ei droseddau, ond ar ôl prawf DNA, gwnaed datgeliad mawr am y llofrudd cyfresol hwn.

Wedi'i eni ar Ionawr 31, 1963 yn Hwaseong, Gyeonggi, De Korea, roedd gan Lee Choon-Jae record academaidd dda. Ar ôl graddio, ymunodd â Byddin Gweriniaeth Corea ym mis Chwefror 1983 fel peilot tanc. Ond am resymau anhysbys, cafodd ei ryddhau ar ôl tair blynedd ar Ionawr 23, 1986. Roedd hyn yn ei wneud yn flin iawn.

Ar ôl hyn, gan ddychwelyd i'w dref enedigol, dechreuodd weithio fel clerc, gyrrwr craen, goruchwyliwr, ac ati Priododd a chael mab. Yn ôl gwraig Lee, roedd Lee yn ŵr a thad alcoholig a threisgar a oedd yn aml yn ei cham-drin hi a'i mab yn gorfforol.

Yn rhwystredig oherwydd ei gamweddau, gadawodd gwraig Lee ef ym mis Rhagfyr 1993. Ar Ionawr 13, 1994, gwahoddodd ei chwaer-yng-nghyfraith 18 oed, a oedd yn chwaer hynaf i'w wraig, i'w dŷ, ac yna ei threisio a'i llofruddio.

Yna mae Lee yn mynd at ei dad-yng-nghyfraith, yn cynnig cymorth i ddod o hyd i'w chwaer yng nghyfraith sydd ar goll, ac yn dweud wrtho y gallai hi fod wedi cael ei herwgipio.

Ar Ionawr 18, cafodd Lee ei arestio ar ôl holi dro ar ôl tro, lle gofynnodd yn ddiweddarach, "Faint o flynyddoedd ydych chi'n cadw yn y carchar am dreisio a llofruddiaeth?"

Yn y llys, fe wadodd yr honiad a dywedodd ei fod wedi rhoi datganiad ffug oherwydd gorfodaeth yr heddlu. Fodd bynnag, yn seiliedig ar y dystiolaeth, cafwyd Lee yn euog a'i ddedfrydu i farwolaeth ym mis Mai 1994 am lofruddio ei chwaer-yng-nghyfraith. Adolygodd Goruchaf Lys De Korea yr achos yn 1995 a lleihau dedfryd marwolaeth Lee i garchar am oes.

Hyd yn oed ar ôl hyn, parhaodd yr ymchwiliad yn ei erbyn.

Ar Fedi 18, 2019, cyhoeddodd yr heddlu fod Lee hefyd wedi'i nodi fel un a ddrwgdybir yn y llofruddiaethau cyfresol. Cafodd ei adnabod ar ôl i DNA gydweddu o ddillad isaf un o'r dioddefwyr, ac fe wnaeth profion DNA dilynol ei gysylltu â phedair llofruddiaeth gyfresol arall heb eu datrys.

Ar yr adeg y cafodd ei adnabod, roedd eisoes yn bwrw dedfryd oes mewn carchar yn Busan am dreisio a lladd ei chwaer-yng-nghyfraith. Gwadodd Lee unrhyw ran yn y llofruddiaethau cyfresol i ddechrau, ond ar Hydref 2, 2019, gwnaeth yr heddlu ddatganiad bod Lee wedi cyfaddef lladd 14 o bobl, gan gynnwys pob un o'r 10 dioddefwr, yn y llofruddiaethau cyfresol. Ar wahân i'r llofruddiaethau, fe gyfaddefodd hefyd i dros 30 o achosion o dreisio a cheisio treisio.

Ar Dachwedd 15, 2019, cyhoeddodd yr heddlu eu bod wedi dod i'r casgliad mai Lee oedd yn gyfrifol am bob un o'r 10 lladdiad cyfresol. Dywedodd yr heddlu ei fod wedi cyflawni troseddau rhyw er mwyn goresgyn ei ddiflasrwydd a'i anobaith. Yn ôl y sôn, ar ôl dychwelyd adref o wasanaeth milwrol ym 1986, daeth yn dreisio cyfresol.

Mae achosion o ladd cyfresol a threisio yn dod i'r amlwg fel hyn:

Dechreuodd yr achos gyda diflaniad Lee Wan-Im, 71 oed, ar Fedi 15, 1986, pan oedd yn dychwelyd adref ar ôl ymweld â'i merch. Cafwyd hyd i'w chorff yn gorwedd mewn porfa brynhawn Medi 19, 1986, bedwar diwrnod ar ôl y llofruddiaeth.

Fis yn ddiweddarach, ar Hydref 20, 1986, diflannodd Park Hyun-sook, 25 oed, o'r bws wrth ddychwelyd adref o Ki Seongtan. Cafwyd hyd i'w chorff mewn camlas brynhawn 23 Hydref, 1986.

Ddeufis yn ddiweddarach, ar 12 Rhagfyr, 1986, diflannodd Kwon Jung-bon, 25 oed, o flaen ei chartref. Dri mis yn ddiweddarach, ar brynhawn Ebrill 23, 1987, darganfuwyd ei chorff ar arglawdd.

Ar 14 Rhagfyr, 1986, roedd Lee Kae-sook, 23 oed, yn dychwelyd adref i gwrdd â'i ddyweddi. Cafodd ei llofruddio yng nghanol y caeau reis. Cafwyd hyd i'w chorff ar 21 Rhagfyr, 1986. Cafodd ei thagu a chlymwyd ei dwylo. Cafodd ei churo hefyd ag ymbarél.

Ar Ionawr 10, 1987, cafodd merch 19 oed, Hong Jin-young, ei llofruddio ar ei ffordd adref o fws ysgol yn Taen-eup. Cafwyd hyd i'w chorff ar Ionawr 11, 1987. Roedd ei dwylo wedi eu clymu a'i gwddf wedi ei dagu â'i sanau.

Ar Fai 2, 1987, cafodd Park Eun-Joo, 29, ei llofruddio tra ar ei ffordd i roi ymbarél i'w gŵr yn Taen-eup. Cafwyd hyd i'r corff ar Fai 9, 1987. Cafodd ei llofruddio trwy ei thagu â'i bra.

Ar 7 Medi, 1987, cafodd Ah Gee-soun, dynes 54 oed, ei thagu i farwolaeth ar ôl cael ei threisio ger camlas yn Paltan-myeon, Gaje-RI. Cafwyd hyd i'w chorff ar Fedi 8, 1987. Roedd ei dwylo wedi'u clymu â sanau a hancesi.

Ar 16 Medi, 1988, llofruddiwyd merch ysgol ganol 14 oed o'r enw Park Sang-hee tra'n cysgu yn ei hystafell yn Taen-eup.

Ar 15 Tachwedd, 1990, cafodd merch ysgol ganol 14 oed, Kim Mi-jung, ei thagu i farwolaeth ar ôl cael ei threisio wrth ddychwelyd adref yn Taen-eup, Byeongjeom-dong. Cafwyd hyd i'w chorff drannoeth. Roedd ei dwylo a'i thraed wedi'u clymu. Roedd ei bra, beiro pelbwynt, fforc, llwy, llafn rasel, a semen yn gorwedd gerllaw.

Ar Ebrill 3, 1991, llofruddiwyd Kwon Soon-sang, 69 oed, un o drigolion Dongtan-myeon, Bunseong-RI, wrth ddychwelyd adref o'r farchnad. Cafwyd hyd i'w chorff ar Ebrill 4, 1991, ar fryn. Cafodd ei thagu gyda'i panties ar ôl y trais rhywiol.

Mae'r achos cynyddol hwn o ladd cyfresol wedi codi panig ymhlith swyddogion diogelwch yn Ne Korea. Daliwyd miloedd o bobl dan amheuaeth yn yr achos hwn. Cymerwyd olion bysedd miloedd o unigolion, a dadansoddwyd 570 o samplau DNA a 180 o samplau blew.

Digwyddodd y pum llofruddiaeth gyntaf o fewn radiws o 6 km i Hwaseong, gan orfodi'r heddlu i ledaenu mewn dau dîm bob 100 metr, ond digwyddodd y lladd nesaf lle nad oedd presenoldcb yr heddlu. Yn ystod yr ymchwiliad, lledaenodd sibrydion fod y llofrudd wedi targedu merched oedd yn gwisgo dillad coch ar ddiwrnodau glawog. Wedi'u hysbrydoli gan hyn, dechreuodd rhai swyddogion heddlu benywaidd wisgo dillad coch i ddal y llofrudd.

Cofiodd gyrrwr y bws, Kang, a'r tocynnwr bws, Uhm, weld dyn yn mynd ar y bws yn fuan ar ôl y seithfed llofruddiaeth ar Fedi 7, 1988, a gwnaethant luniad o'r sawl a ddrwgdybir yn seiliedig ar eu hatgofion. Roedd nodweddion y sawl a ddrwgdybir, fel y disgrifiwyd gan yrrwr y bws, yn debyg i'r rhai a roddwyd gan oroeswyr dioddefwr yr ymosodiad rhywiol.

Yn ôl y dioddefwyr, ar adeg y digwyddiad, dywedwyd bod y troseddwr tua 20 gyda chorff main, 165-170 cm o uchder, gwallt byr, trwyn miniog, a gwedd gweddol. Ar wahân i hyn, fe'i disgrifiwyd fel un â dwylo meddal.

Roedd yr heddlu hefyd wedi dweud mai "B" oedd grŵp gwaed y sawl a ddrwgdybir, ond yn 2019, cyfaddefodd yr heddlu y gallai hyn fod yn ffug, gan mai grŵp gwaed Lee oedd "O".

Ar Orffennaf 27, 1989, arestiwyd dyn 22 oed o'r enw Yun fel y sawl a gyflawnodd y llofruddiaeth, yn seiliedig ar dystiolaeth flewog o leoliad y drosedd, a ystyriwyd yn ddiweddarach nad oedd yn gysylltiedig â llofruddiaethau eraill.

Ymhellach, yn y degfed achos, roedd y genynnau a gafwyd o'r sampl semen yn wahanol i'r nawfed achos, ac roedd lleoliad a dull y drosedd yn wahanol i'r achosion eraill, gan ddynodi troseddwr gwahanol.

Felly, cyflawnodd o leiaf pedwar person a ddrwgdybir hunanladdiad yn y 1990au dan bwysau seicolegol oherwydd holi diangen gan yr heddlu a chamymddwyn.

Ar 27 Gorffennaf, 1989, arestiwyd Eun Sang-yeo, 22 oed, am lofruddio Park Sang-hee, 14 oed. Bu'n rhaid iddo dreulio pedair blynedd ar bymtheg a hanner yn y carchar. Ar ôl i Lee gyfaddef pob un o'r 10 llofruddiaeth cyfresol, cyhoeddodd yr heddlu mai Lee oedd yn gyfrifol am y llofruddiaethau y cafwyd Yoon Sang-yeo yn euog ohonynt. Cadarnhaodd swyddfa'r erlynwyr ardal fod Eun Sang-yeo wedi cael ei drin yn greulon gan ymchwilwyr a thwyll gan y Gwasanaeth Fforensig Cenedlaethol ar adeg ei arestio.

Mae'r ymchwiliad yn parhau, ac mae Lee yn bwrw dedfryd oes yng Ngharchar Busan am dreisio a llofruddio ei chwaer-yng-nghyfraith.

9. Daniel Camargo Barbosa (Colombia)

Roedd Daniel Camargo Barbosa yn lladdwr cyfresol o Colombia. Credir ei fod wedi troi'n seico pan nad oedd ei gariad yn wyryf, ac yn ystod y 1970au a'r 1980au, fe dreisio a lladd 300 o ferched ifanc yng Ngholombia, Ecwador, a Pheriw. Yn yr ardaloedd hyn, gelwir ef hefyd yn "Anghenfil yr Andes."

Wedi'i eni ar Ionawr 22, 1930, yn Anolaima, Colombia, byddai Daniel Barbosa yn trapio merch gyntaf. Roedd yn arfer ei threisio hi. Byddai wedyn yn ei lladd â chyllell. Roedd merched dan orfod yn arfer dod yn ddioddefwyr iddo. Pan sgrechiodd yn ystod y trais rhywiol, roedd hi'n arfer cael rhyddhad.

Pan oedd Daniel Camargo yn flwydd oed, bu farw ei fam, ac roedd ei dad gormesol yn emosiynol greulon tuag ato. Yn ddiweddarach, ailbriododd ei dad. Nid oedd ei lysfam ychwaith yn ei drin â pharch ond yn ei fychanu mewn gwahanol ffyrdd. Roedd ei lysfam yn arfer ei wisgo i fyny mewn ffrog merch a'i anfon i'r ysgol, a oedd yn cael ei wawdio gan ei gyfoedion a'i gyd-ddisgyblion.

Er hyn oll, bu Daniel yn astudio tan 10fed mewn ysgol yn Bogota. Fodd bynnag, ni wireddwyd ei awydd i barhau â'i astudiaethau a bu'n rhaid iddo roi'r gorau i'r ysgol i gynnal y teulu'n ariannol.

Cafodd Camargo berthynas â dynes o'r enw Alcira a chafodd ddau o blant gyda hi. Ar yr un pryd, syrthiodd mewn cariad â menyw arall, Esperanza 28-mlwydd-oed, y mae'n bwriadu ei briodi, ond daeth yn gandryll pan glywodd nad oedd hi'n wyryf. Yna gwnaeth ef ac Esperanza gytundeb pe bai Esperanza yn ei helpu i gael rhyw gyda gwyryfon eraill, y byddai'n aros gyda hi.

Dyma gychwyn cyfnod eu hymwneud â'r drosedd.

Denodd Esperanza ferched ifanc i mewn i fflat dan esgus ac yna rhoddodd bilsen gysgu iddynt gyda'r cyffur sodium Seconal fel y gallai Daniel Camargo eu treisio.

Cyflawnodd Camargo bum achos o dreisio yn y modd hwn, ond ni laddodd yr un o'r merched. Felly, adroddodd y bumed ferch dioddefwr trais rhywiol y drosedd i'r heddlu, ac arestiwyd Camargo ac Esperanza.

Aeth yr achos ymlaen. Cafwyd Camargo yn euog o ymosodiad rhywiol yng Ngholombia ar Ebrill 10, 1964, a'i ddedfrydu i wyth mlynedd yn y carchar. Gwnaeth y gosb hon Camargo yn goch gyda dicter. Roedd y ddedfryd o garchar yn ei wneud yn fwy creulon. Fodd bynnag, cwblhaodd ei ddedfryd ac yna cafodd ei ryddhau.

Am fywoliaeth, cymerodd swydd yn gwerthu monitorau teledu fel gwerthwr stryd. Ac yn y cyfamser, wrth basio trwy ysgol un diwrnod, fe herwgipiodd ferch 9 oed a'i threisio a'i lladd fel na allai hysbysu'r heddlu, fel yr oedd ei ddioddefwr blaenorol wedi'i wneud. Hwn oedd ei achos cyntaf yn ymwneud â llofruddiaeth.

Arestiwyd Camargo ar Fai 3, 1974, yn Barranquilla, Colombia, pan ddychwelodd i leoliad y drosedd i adalw un o'i sgriniau teledu a adawyd gyda'r dioddefwr. Ar ôl ei gael yn euog o dreisio a llofruddio merch 9 oed, cafodd ei ddedfrydu i 30 mlynedd yn y carchar, ond yn ddiweddarach gostyngwyd y ddedfryd hon i 25 mlynedd, ac ar Ragfyr 24, 1977, bu yn y carchar ar ynys Gorgona. , Colombia, a gosodwyd ef dan arestiad ty. Ond ym mis Tachwedd 1984, dihangodd Camargo o garchar Gorgona mewn cwch cyntefig.

Ar ôl chwiliad hir, cymerodd swyddogion ei fod wedi marw ar y môr, a dywedodd y cyfryngau ei fod yn cael ei fwyta gan siarc.

Ond o'r diwedd cyrhaeddodd y Camargo cudd Quito, Ecwador ar Ragfyr 5 neu 6, 1984. Ar Ragfyr 18, 1984, fe herwgipiodd ferch 9 oed o ddinas Quevedo yn nhalaith Los Ros yn Ecwador. Y diwrnod wedyn, aeth merch 10 oed ar goll.

Rhwng 1984 a 1986, cyflawnodd Camargo o leiaf 54 o dreisio a llofruddiaethau yn Guayaquil, Ecwador. Ar y dechrau, roedd yr heddlu'n meddwl bod yr holl farwolaethau'n cael eu cyflawni gan gang gyda'i gilydd.

Ni allai'r heddlu hyd yn oed feddwl am Camargo. Cysgodd ar y strydoedd a bodloni ei newyn gyda'r arian y gallai ei ennill trwy werthu beiros pelbwynt yn y strydoedd. Weithiau roedd yn cwrdd â'i anghenion trwy werthu dillad neu bethau gwerthfawr bach i'w ddioddefwyr.

Roedd Camargo yn arfer codi merched ifanc, diymadferth, dosbarth is fel dioddefwyr i chwilio am waith ac yn eu hudo i'r esgus o'u cael i weithio. Weithiau byddai'n mynd â merch gydag ef ar yr esgus o ofyn am ffordd ac yn treisio'r dioddefwyr cyn eu tagu mewn lle diarffordd ac weithiau'n eu trywanu wrth brotestio. Ar ôl i'r dioddefwyr farw, roedd yn arfer rhedeg i ffwrdd, gan adael eu cyrff yn y goedwig.

Ar ôl llofruddiaeth merch 9 oed o'r enw Elizabeth yn Quito ar Chwefror 25, 1986, fe wnaeth dau blismon oedd yn patrolio gerllaw ei arestio. Bryd hynny roedd yn cario dillad gwaedlyd a bag o'i ddioddefwr diweddaraf. Cymerwyd ef i'r ddalfa ac yn ddiweddarach aethpwyd ag ef i Guayaquil i'w adnabod.

Pan gafodd ei arestio, rhoddodd ei enw fel Manuel Bulgarian Solis ond cafodd ei adnabod yn ddiweddarach gan Mara Alexandra Vélez, un o'i ddioddefwyr trais rhywiol a oroesodd.

Mae Daniel Camargo wedi cyfaddef iddo ladd 72 o ferched yn Ecwador ers dianc o garchar yng Ngholombia.

Dywedodd hefyd wrth yr awdurdodau am y dioddefwyr nad oedd eu cyrff wedi'u hadfer eto. Roedd y cyrff wedi cael eu llurgunio.

Ymhelaethodd Daniel Camargo ar ei droseddau. Ar ôl treisio'r dioddefwr, gwasgodd y ferch â bwyell. Nid oedd yn ymddangos yn edifeiriol.

Eglurodd ei un ecsentrigrwydd wrth ddewis y merched. Yr oedd am wyryfon "am eu bod yn llefain." Rhoddodd hyn fwy o foddhad iddo. Yn ôl Camargo, fe laddodd nhw i gyd am ei fod am ddial anffyddlondeb y merched. Roedd yn eu casáu oherwydd nad oedd yn credu bod merched i fod.

Cafwyd Camargo yn euog yn 1989 a chafodd y ddedfryd uchaf a ganiateir yn Ecwador ar y pryd: 16 mlynedd yn y carchar.

Ar Dachwedd 13, 1994, yn 64 oed, cafodd Camargo ei drywanu i farwolaeth yn y carchar gan ddyn o'r enw Giovanni Noguera. Roedd y llofrudd yn nai i un o'i ddioddefwyr.

10. Xinhai Yang (Tsieina)

Cyflawnodd 26 o droseddau, llofruddiodd 67 o bobl, a threisio 23 o ferched mewn pedair talaith mewn tair blynedd. Nid plot ffilm neu sioe deledu yw hwn, ond achos gwirioneddol a ddigwyddodd yn Tsieina rhwng 2000 a 2003. Yn yr achos hwn, dedfrydwyd y llofrudd, Yang Xinhai, i farwolaeth gan y llys.

Ganed Yang Xinhai, a gyhuddwyd yn yr achos a ysgydwodd bedair talaith Tsieina - Anhui, Henan, Shandong, a Hebei - ar 29 Gorffennaf, 1968, mewn teulu gwledig ym Mhentref Zhangjia, Runanbu Township, Sir Zhengyang, Talaith Henan. Roedd chwech o frodyr a chwiorydd yn y teulu. Ef oedd y pedwerydd, gyda dau frawd hŷn ac un chwaer, ac un brawd iau ac un chwaer iau. Ar y cyfan, roedd y teulu'n dlawd iawn, un o'r tlotaf yn y ddinas o dros 2,000 o gartrefi. Roedd ei dad, Yang Jungian, yn ffermwr tlawd ac nid oedd ganddo'r arian i dalu am addysg dda ei blant.

Wedi'i eni yn amodau economaidd y 1970au yng nghefn gwlad, gellir dychmygu bywyd Yang Xinhai. Yna, o blentyndod, ni chafodd gariad ei rieni. Dyna pam mae Yang Xinhai bob amser wedi bod yn blentyn cymharol fewnblyg ac ofnus. Roedd yn arfer mynd yn nerfus hyd yn oed pan welodd gyw iâr yn cael ei dorri ar gyfer coginio gartref. Nid oedd yn hoffi mynd allan i siarad na chwarae, a'i unig hobi oedd peintio.

Roedd gan deulu Yang Xinhai lawer o blant, ac roedd yn rhaid i bob un ohonynt wneud gwaith ffermio gyda'u rhieni. Nid oedd gan y rhieni amser ar gyfer magwraeth briodol eu plant. Yn y tŷ, roedd llawer o ymladd yn arfer bod.

Trodd allan i fod yn werthiant gwartheg a defaid a fagwyd ers tro gan y teulu ar gyfer addysg gynradd y plant. Felly, yn yr ysgol, sylweddolodd Yang Xinhai bwysigrwydd arian yn gyntaf. Tra treuliodd cyd-ddisgyblion eraill eu gwyliau yn hongian allan a chael hwyl, bu'n rhaid i Yang Xinhai fynd allan a thorri gwair a phori buchod i ennill rhywfaint o arian i'r teulu.

Un diwrnod, rhedodd Yang Xinhai oddi cartref yn sydyn. Roedd cymaint o blant yn y teulu nad oedd ganddynt hyd yn oed amser i feddwl am unrhyw un, felly nid oedd ots a oedd rhywun ar goll, felly ni chymerodd y rhieni y fenter i ddod o hyd i Yang Xinhai.

Ar ôl rhedeg i ffwrdd o gartref, crwydrodd Yang Xinhai i ddinasoedd amrywiol yn nhalaith Henan i chwilio am waith. Bu'n gweithio mewn pwll glo a dysgodd rai crefftau, ond nid oeddent cystal ag y dymunai Yang Xinhai, oherwydd ychydig iawn o arian a enillodd y pethau hyn iddo. Ac roedd yn rhaid iddo wynebu rhai dyddiau gwael hefyd. Roedd yr arian a roddwyd gan y perchennog yn annigonol.

Roedd Yang Xinhai yn aml yn wynebu camdriniaeth yma ac, ar adegau, amodau llafur di-dâl. Ar ôl gweithio am rai misoedd, ni chafodd yr un geiniog.

Ar ôl hynny, bu Yang Xinhai yn gweithio mewn bwyty. Yr oedd y cyflog y llogwyd ef arno yn dda iawn, ond ni roddwyd y cyflog sefydlog. Wedi'i gythruddo, fe wnaeth Yang Xinhai ddwyn pot alwminiwm o'r gegin. Daeth y pot alwminiwm bach hwn yn ladrad cyntaf Yang Xinhai, a gwnaeth hefyd i Yang Xinhai sylweddoli y gallai arian ddod mor hawdd. Efallai bod y profiad hwn wedi ei newid, ac yna aeth Yang Xinhai ar lwybr lladrad.

Ers lladrad y pot alwminiwm, mae Yang Xinhai wedi mynd yn afreolus fel ceffyl gwyllt a gwneud dwyn ei broffesiwn. Pan ddaeth yr arian, cafodd gariad hefyd.

Ym 1988, cafodd ei ddal ar gyhuddiad o ddwyn. Cafodd Yang Xinhai, 20, ei ddedfrydu i dair blynedd yn y carchar gan Swyddfa Diogelwch Cyhoeddus Baqiao yn Ninas Xi'an ar gyhuddiad o ddwyn. Yn y carchar, cafodd y newyddion bod ei gariad wedi priodi ar ôl torri'r addewid.

Ar ôl cael ei ryddhau o'r carchar yn 1991, cafodd Yang Xinhai ei dorri'n llwyr gan drawma ac anaf emosiynol bywyd ac ers hynny mae wedi dilyn llwybr treisio.

Ym 1996, gwelodd Yang Xinhai ddynes ganol oed mewn lle diarffordd a cheisiodd ymosod yn rhywiol arni, ond nid yn unig fe fethodd, ond fe wnaeth hefyd dorri darn o'i dafod. Cafodd ei ddal hefyd a'i ddedfrydu i bum mlynedd yn y carchar am geisio treisio; cafodd ei ryddhau yn gynnar yn 2000. Cyn gynted ag y cafodd ei ryddhau, dechreuodd gyflawni troseddau eto.

Ar noson Medi 19, 2000, torrodd Yang Xinhai i mewn i gartrefi pentrefwyr saith deg oed, Yang Pemin a Shan Lanning, trwy dorri'r clo ar y drws ym Mhentref Guozhuang Zhoukou City. Wrth glywed y ci yn cyfarth, curodd ddau ddyn cysgu i farwolaeth gyda brics ac yna rhedodd i ffwrdd gyda rhywfaint o arian. Felly, daeth Yang hefyd yn llofrudd Xinhai.

Yn ystod y broses ymchwilio, dosbarthodd yr heddlu'r achos fel achos heb ei ddatrys.

Ar 1 Hydref, 2000, dringodd Yang y ffens Xinhai, torrodd i mewn i dŷ ym mhentref Xiaoning, trywanu Mehefin, dyn 63-mlwydd-oed, i farwolaeth gyda gwialen haearn, ac yna curo ei ŵyr 12-mlwydd-oed. Fe dreisio'r ferch.

Wedi hynny, aeth a chuddio yn y goedwig. I oroesi, arferai ddwyn o'r caeau a'r warysau. Ar ôl cymaint o ladd, mae wedi tyfu'n anifail gwaed oer, yn barod i ladd pobl heb amrantu llygad.

Ar Awst 15, 2001, torrodd Yang Xinhai i mewn i dŷ Qiu Yunxian yn Cheliu Village, Lining City, gyda morthwyl yn ei law. Lladdodd yn greulon Qiu Yunxian 43 oed, ei wraig, ei ferch 12 oed, a'i fab 9 oed. Fe dreisio cyrff y ddwy ddynes a dwyn 100 yuan o'u cartref a ffoi.

Ym mis Medi 2001, torrodd Yang Xinhai i mewn i dŷ pentrefwr yn Kanglu Township, Dinas Zhoukou, Talaith Henan. Yno, lladdodd bedwar o bobl a dwyn cant yuan. Ym mis Rhagfyr 2001, torrodd Yang i mewn i dŷ yn Xinhai Pingdingshan, gan ladd dyn 59 oed a dwy fenyw, a dwyn y cartref o bethau gwerthfawr.

Ar Ionawr 6, 2002, morthwyliodd Yang Xinhai a lladrata teulu o bump mewn pentref yn ninas Zhumadian yn nhalaith Henan.

Ar fore Ionawr 27, 2002, targedodd Yang Xinhai deulu o dri yn Sir Tongxu, Dinas Kaifeng. Torrodd glo'r tŷ yn dawel yn gynnar yn y bore, lladdodd y tri aelod o'r teulu, a threisio'r forwyn 32 oed.

Roedd yr heddlu bellach yn chwilio'n eiddgar am y llofrudd, felly unwaith eto bu'n rhaid i Yang Xinhai guddio yn y goedwig er mwyn ei ddiogelwch.

Ar ôl eistedd yn dawel am bum mis, ar 30 Mehefin, 2002, dechreuodd Yang Xinhai eto i ruthro i ladd. Daeth i lawr yn y nos lladd teulu o bedwar a lladrata pethau gwerthfawr mewn pentref yn Fugou Sir, Zhoukou City.

Ar 28 Gorffennaf, 2002, cyflawnodd Yang Xinhai gyflafan arall yn Nanyang, gan ladd pedwar aelod o'r un teulu. Cyn hyn, fe wnaeth hefyd dreisio dynes 35 oed a merch 9 oed yn y tŷ. Cafodd holl bethau gwerthfawr y tŷ eu dwyn hefyd.

Ar Hydref 22, 2002, ymdreiddiodd Yang Xinhai i dŷ ym mhentref Mauzhai Songjie. Yma fe laddodd y pentrefwr 34 oed Fang Choon a'i ferch chwe blwydd oed yn eu cwsg a threisio dwy ddynes ifanc arall ac yn y diwedd eu lladd nhw hefyd. Wrth chwilio am bethau gwerthfawr, fe anrheithiwyd tŷ'r dioddefwyr.

Roedd y digwyddiadau gwaedlyd cynyddol yn gwneud Heddlu Henan yn ddigwsg. Cynyddodd y pwysau ar yr heddlu yn fawr.

Yma, ar ôl tri mis o heddwch, dechreuodd Yang Xinhai eto i chwilio am ysglyfaeth. Ar Chwefror 5, 2003, fe dorrodd i mewn i dŷ yn Sir Jiangcheng. Yma lladdodd dri aelod o'r teulu a threisio'r forwyn.

Ar Chwefror 18, 2003, morthwyliodd Yang Xinhai yn greulon ddau aelod o deulu Li a oedd yn byw yn Chiying Township, Sir Zihua, i farwolaeth. Trwy dreisio mam a merch y tŷ, fe laddodd nhw hefyd. Cafodd yr holl bethau gwerthfawr yn y tŷ eu hysbeilio hefyd.

Ar y naill law, roedd ymchwiliad yr heddlu yn dod yn fwy llym, tra ar y llaw arall, oherwydd lledaeniad y clefyd SARS, roedd ymchwiliad i bob person o'r tu allan hefyd. Teimlai Yang Xinhai ei bod yn well cuddio am ychydig ddyddiau bellach. Roedd yn byw ar fryn i ffwrdd o'r ddinas ac yn dwyn tatws melys o'r caeau i fodloni ei newyn.

Yng nghanol mis Mawrth 2003, aeth Yang Xinhai i drafferth: pan oedd yn dwyn tatws melys o gae, sgrechiodd ffermwr arno. Yn sydyn llenwi Yang Xinhai â bwriad llofruddiol unwaith eto.

Ar noson Mawrth 23, 2003, torrodd Yang i mewn i dŷ pentrefwr mewn pentref yn Sir Xinhai Minquan, lladdodd pob un o'r pedwar aelod o'i deulu a threisio'r forwyn. Cipiodd beth bynnag bethau gwerthfawr a ganfu a ffodd i Shandong.

Yn gynnar ym mis Ebrill 2003, lladdodd ddyn mewn pentref yn nhref Taoyuan Shandong. Yna ffodd o Shandong i Hebei.

Ar ôl cyrraedd Jingtai County yn Hebei, roedd Yang Xinhai eisiau rhoi diwedd ar y lladd am gyfnod, felly penderfynodd am ychydig fisoedd y byddai'n dwyn pethau yn unig, nid yn lladd pobl.

Ond y mae ymddygiad putain leol eto yn ysgwyd ei fwriadau. Gofynnodd y butain i Yang Xinhai wisgo condom, ond nid oedd Yang Xinhai yn barod amdano. Roedd yn sarhad mawr arno. Taflodd Yang Xinhai yr arian puteindra i ffwrdd, trodd ei ben, a gadawodd.

Yr un noson, aeth Yang Xinhai i mewn i ystafell y butain drwy'r ffenestr a lladd Shengjun, 43 oed, ei wraig Li Zhizhi, a'u merch 15 oed Sun Yuanyuan i awyru ei ddicter.

Eto i gyd, nid oedd ei ddicter wedi ymsuddo.

Ar 8 Awst, 2003, am ddau o'r gloch y dydd, cyrhaeddodd Yang Xinhai gae llysiau mewn pentref yn Ninas Shijiazhuang. Arhosodd am y noson i ddod. Pan oedd hi'n dywyll, cyrhaeddodd y cae a lladd pob un o'r pump aelod o'r teulu. Mae hefyd wedi treisio dwy ddynes.

Ar 2 Tachwedd, 2003, derbyniodd Liu Jian, cyfarwyddwr Swyddfa Brigâd Heddlu Troseddol Swyddfa Diogelwch Cyhoeddus Xinhua yn Ninas Cangzhou, alwad yn dweud bod rhywun a ddrwgdybir wedi'i weld ger y Ganolfan Cyflenwi a Marchnata Dinesig. Nid oedd gan y person hwn gerdyn adnabod nac atebion cywir i'r cwestiynau.

Ar 3 Tachwedd, 2003, tua 11 am, gwelodd Liu Jian y sawl a ddrwgdybir yn crwydro ger Ysgol Gynradd Rheilffordd Cangzhou. Adroddodd ar unwaith i'r Capten Zheng Jianjun a'r hyfforddwr Li Jianbin o Frigâd yr Heddlu Troseddol, a dilynodd ef ynghyd ag un o'i gymdeithion.

Wrth groesi pont i'r de o Orsaf Reilffordd Cangzhou, gwelodd y sawl a ddrwgdybir heddweision yn ei ddilyn, yna cyflymodd ei gyflymder a dechrau rhedeg i'r gorllewin. Ond daliodd Liu Jian a'i gydweithiwr ef. Yn ystod y chwiliad, daethpwyd o hyd i gyllell a 500 yuan mewn arian parod gan y sawl a ddrwgdybir.

Canfu ymchwiliad pellach dystiolaeth a thystion yn erbyn Yang Xinhai. Ond hyd yn oed yng nghwestiyniad yr heddlu, roedd agwedd Yang Xinhai yn drahaus iawn-

"Os oes tystiolaeth, fe fydda i'n ei dderbyn. Os nad oes tystiolaeth, peidiwch â cheisio codi ofn arnaf."

"Ni allwch fy meio am broblemau'r wlad gyfan."

Ar 1 Chwefror, 2004, dyfarnodd Llys Pobl Ganolradd Dinas Luohe yn Nhalaith Henan am y tro cyntaf ar achos Yang Xinhai a dedfrydodd Yang Xinhai i farwolaeth am sawl trosedd. Nid oedd Yang Xinhai yn apelio.

Dri diwrnod ar ddeg yn ddiweddarach, ar Chwefror 14, 2004, crogwyd Yang Xinhai yn Luohe, Henan ar gyhuddiadau o lofruddio 67 o bobl a threisio 23 o fenywod.

11. Fritz Haarmann (Yr Almaen)

Roedd Friedrich Heinrich Karl "Fritz" Haarmann, a elwir hefyd yn Gigydd Hanover, y Fampir o Hanover, a'r Wolf Man, yn llofrudd cyfresol Almaeneg. Ganed Haarmann ar Hydref 25, 1879 yn Hanover, yr Almaen. Plentyn tawel ac unig oedd Haarmann. Yn blentyn, roedd yn well ganddo chwarae gyda doliau ei chwaer yn lle chwarae gyda phlant eraill, ac roedd hefyd yn hoffi gwisgo i fyny mewn dillad merched.

Yn y flwyddyn 1886, dechreuodd Haarmann ei addysg. Yn yr ysgol, roedd yn cael ei weld fel plentyn wedi'i ddifetha a oedd yn dueddol o freuddwydio. Er iddo ymddwyn yn dda yn yr ysgol, roedd yn is na'r cyfartaledd yn ei astudiaethau a methodd yn y dosbarth sawl gwaith.

Ar ôl ei addysg, ym 1894, ymunodd ag academi filwrol yn nhref Brisach. I ddechrau, gwnaeth yn dda yn y fyddin fel milwr dan hyfforddiant. Fodd bynnag, ar ôl pum mis o wasanaeth milwrol, dechreuodd gael ffitiau epileptig. Felly bu'n rhaid iddo adael y fyddin o'r diwedd ym mis Hydref 1895 a dychwelyd i Hanover, lle bu'n gweithio mewn ffatri sigâr a sefydlwyd gan ei dad.

Yn 16 oed, cyflawnodd Haarmann ei drosedd rhyw hoyw gyntaf, lle treisiodd rai bechgyn ifanc mewn islawr diarffordd. Cafodd ei arestio am y drosedd hon ym mis Gorffennaf 1896. Er mwyn ei ddedfrydu yn yr achosion hyn, dewisodd gael ei gadw mewn sefydliad meddwl yn ninas Hildesheim.

Disgrifiodd gwerthusiad seiciatrig yma ef fel un "hynod niwrotig." Saith mis yn ddiweddarach, dihangodd Haarmann o'r sefydliad meddyliol a, gyda chymorth ei fam, ffodd i Zurich, y Swistir. Yma, roedd yn byw gyda pherthynas i'w fam a chymerodd swydd fel tasgmon mewn iard longau.

Arhosodd yn Zurich am 16 mis ac yna dychwelodd i Hanover ym mis Ebrill 1899. Yn gynnar yn y 1900au, dyweddïodd â merch ifanc o'r enw Erna Louvert, a ddaeth yn feichiog yn fuan. Ym mis Hydref

1900, derbyniodd Haarmann lythyr galwad am ei wasanaeth milwrol gorfodol.

Ymunodd Haarmann â'r 10fed Bataliwn Reifflwyr ar Hydref 12fed, 1900, a daeth yn farciwr rhagorol yn gyflym. Ym mis Hydref 1901, syrthiodd ar ei ben yn ystod ymarfer gyda'i fataliwn. Dechreuodd Haarmann deimlo'n benysgafn a bu yn yr ysbyty am fwy na phedwar mis. Yn ddiweddarach barnwyd ei fod yn anaddas ar gyfer gwasanaeth milwrol a dyletswydd a chafodd ei ddiswyddo o wasanaeth milwrol ar 28 Gorffennaf, 1902.

Ar ôl cael ei ryddhau o wasanaeth milwrol, bu Haarmann yn byw gyda'i ddyweddi yn Hanover. Gofynnodd am ran o'r eiddo gan ei dad. Pan wrthododd, fe fygythiodd ladd ei dad. Mynnodd ei dad i'r llys gynnal ei archwiliad meddwl.

Ym mis Mai 1903, gorchmynnwyd Haarmann i gael archwiliad seiciatrig. Daeth y treial i'r casgliad er bod Haarmann yn foesol israddol, nid oedd yn ansefydlog yn feddyliol.

Helpodd ei dad ef yn ariannol, felly agorodd Haarmann a'i ddyweddi siop pysgod a bwyd môr.

Ym 1904, cyhuddodd Haarmann ei ddyweddi feichiog o gael rhyw gyda dyn. Wedi'i gythruddo gan hyn, rhoddodd ei ddyweddi, Erna Louvert, y gorau i'r dyweddïad, a gwnaeth y ddwy ffordd wahanu.

Ar ôl gwahanu oddi wrth y dyweddïad, dechreuodd Haarmann gyflawni mân lladradau. Cafodd ei ddedfrydu i garchar am droseddau fel lladrad, ladrad, ac ymosod. Cyn gynted ag y byddai'n cael ei ryddhau o'r carchar, byddai'n cymryd rhan mewn lladrad eto. Felly, treuliodd Haarmann y rhan fwyaf o'r blynyddoedd yn y carchar rhwng 1905 a 1912. Ym 1913, cafodd ei ddedfrydu eto i bum mlynedd am ladrad.

Wedi iddo gael ei ryddhau o'r carchar ym mis Ebrill 1918, symudodd Haarmann i Berlin, lle bu'n rhentu fflat un ystafell. Ymhen peth amser, dychwelodd i Hanover drachefn.

Roedd y Rhyfel Byd Cyntaf ymlaen. Roedd tlodi, trosedd a marchnata du yn rhemp yn y wlad. Mewn sefyllfa o'r fath, manteisiodd

Haarmann i'r eithaf ar y cyfle hwn hefyd. Dychwelodd yn syth i'r bywyd troseddol yr oedd wedi'i fyw cyn iddo gael ei arestio ym 1913. Ond y tro hwn, daeth yn hysbyswr heddlu a chymerodd ran yn y drosedd.

Er gwaethaf gwybodaeth yr heddlu bod Haarmann yn droseddwr hysbys, caniateir iddo batrolio gorsaf reilffordd Hannover yn rheolaidd fel hysbysydd. Dechreuodd drosglwyddo'r wybodaeth am droseddau yn ogystal â rhwydwaith troseddol helaeth Hannover i'r heddlu. Daliodd lawer o nwyddau wedi'u dwyn, arestiwyd llawer o wladolion tramor yn teithio ar ddogfennau ffug, a hefyd llawer o droseddwyr a lesteiriodd ei waith, gan ennill ymddiriedaeth yr heddlu.

Nawr mae wedi dechrau diffodd ei archwaeth cyfunrywiol â lladrad. Dioddefwr hysbys cyntaf Haarmann oedd merch 17 oed, Friedel Rothe. Pan ddiflannodd Roth ar Fedi 25, 1918, dywedodd ei ffrindiau wrth yr heddlu iddo gael ei weld ddiwethaf gyda Haarmann. O dan bwysau gan deulu Rothe, ymosododd yr heddlu ar eu hysbysydd, fflat Haarmann ym mis Hydref 1918, lle cafodd ei ddal gyda bachgen 13 oed hanner noeth.

Cafodd ei gyhuddo o ymosod yn rhywiol ar blentyn dan oed a'i ddedfrydu i naw mis yn y carchar. Ar ôl iddo gael ei ryddhau o ddedfryd o naw mis o garchar, enillodd eto ymddiriedaeth yr heddlu a daeth yn hysbyswr eto.

Fel arfer roedd Haarmann yn cael ei guddio yng ngorsaf reilffordd ganolog Hannover neu gerllaw iddi. Ar Chwefror 12, 1923, gwahoddodd y pianydd 17 oed Fritz Franck o Orsaf Ganolog Hannover i'w gartref yn New Strae. Ar ôl ei dreisio yno, lladdodd Haarmann ef.

Ar Fawrth 20, 1923, bum wythnos ar ôl llofruddiaeth Frank, lladdodd Haarmann Wilhelm Schulz, 17 oed, yng ngorsaf reilffordd Hannover. Yn yr un modd, ar Fai 23, 1923, Roland Hutch, 16 oed, ac ar Fai 31, 1923, daeth Hans Sonnenfeld, 19 oed, yn ddioddefwyr.

Ar 9 Mehefin, 1923, symudodd Haarmann i fyw mewn fflat un ystafell yn Rote Rehe. Bythefnos yn ddiweddarach, ar 25 Mehefin, 1923, lladdodd Haarmann fab 13 oed y cymydog, Ernst Ehrenberg.

Ddeufis yn ddiweddarach, ar Awst 24, 1923, mae Haarmann yn hela clerc 18 oed o'r enw Heinrich Strauss. Fis ar ôl i Strauss gael ei lofruddio, cafodd bachgen 17 oed o'r enw Paul Bronchevsky ei lofruddio hefyd. Dioddefwr nesaf Haarmann oedd Richard Graf, 17 oed, ar 30 Medi, 1923, a hysbysodd ei deulu ddiwethaf ei fod wedi cwrdd â dyn yng ngorsaf Hanover a oedd wedi cynnig swydd dda iddo.

Bythefnos yn ddiweddarach, ar Hydref 12, 1923, ni ddychwelodd bachgen 16 oed, Wilhelm Ardner, adref. Datgelodd holi rhieni Ardner yn ddiweddarach fod Ardner wedi cwrdd â ditectif, Fritz Honnerbrock (ffugenw a ddefnyddir gan Haarmann), ychydig cyn iddo ddiflannu.

Yn ddiweddarach gwerthodd Haarmann feic Ardner ar Hydref 20, 1923. O fewn wythnos i werthu'r beic, lladdodd Haarmann ddau ddioddefwr arall: Haarmann Wolf, 15 oed, a ddiflannodd o orsaf Hannover ar Hydref 24, a Heinz Brinkmann, 13 oed. , Hydref 27, 1923, yr hwn a welodd tyst.

Ar Dachwedd 10, 1923, diflannodd prentis saer coed 17 oed o ddinas Dusseldorf, o'r enw Adolf Hannapel, o orsaf Hanover. Yn yr un modd, ar Ragfyr 6, aeth Adolf Heaney, 19 oed, ar goll. Roedd yn chwilio am waith.

Yn gynnar yn 1924, dioddefwr cyntaf Haarmann oedd Ernst Speer, 17 oed, a ddiflannodd ar Ionawr 5, 1924. Ddeng niwrnod yn ddiweddarach, lladdodd Haarmann ddyn 20 oed o'r enw Heinrich Koch.

Y mis canlynol, lladdodd Haarmann ddau ddioddefwr arall: Willie Sanger, 19 oed, a ddiflannodd o faestref Linden-Limer ar Chwefror 2, 1924; a Haarmann Speichert, 16 oed, a welwyd ddiwethaf ar Chwefror 8, 1924. Ar Ebrill 8, 1924, diflannodd Alfred Högreff, 16 oed, o orsaf Hannover. Naw diwrnod yn ddiweddarach, daeth prentis 16 oed o'r enw Wilhelm Appel yn ddioddefwr.

Ar Ebrill 26, aeth Robert Witzel, 18 oed, ar goll ar ôl cael benthyg 50 o ffannings gan ei fam. Datgelodd holi rhieni'r dyn ifanc fod eu mab wedi mynd i'r syrcas gyda "swyddog o'r orsaf reilffordd". Dywedodd Haarmann yn ddiweddarach iddo ladd Witzel yr un noson dorri'r corff a'i daflu yn yr afon Leine.

Bythefnos ar ôl i Witzel gael ei llofruddio, fe laddodd Haarmann fachgen 14 oed o'r enw Heinz Martin. Gwelwyd ef ddiwethaf ar 9 Mai, 1924, gan ei fam yng Ngorsaf Hanover. Daethpwyd o hyd i'w holl ddillad yn ddiweddarach yn fflat Haarmann.

Ar Fai 26, 1924, lladdwyd Fritz Wittig, gwerthwr teithiol 17 oed o dref Kassel, gan Haarmann i fachu ei "siwt newydd braf". Taflwyd ei weddillion i'r Afon Leine. Ar yr un diwrnod, lladdodd Haarmann ei ddioddefwr ieuengaf hefyd, Friedrich Ebeling, 10 oed, yr oedd wedi'i herwgipio ar ei ffordd i'r ysgol.

Ar 14 Mehefin, 1924, gwnaeth Haarmann ei ddioddefwr olaf ar ffurf Erich De Vries, 17 oed. Ar ôl cael ei threisio, taflwyd De Vries i lyn ger y fynedfa i Erddi Herrenhausen.

Ar 17 Mai, 1924, daeth dau blentyn yn chwarae ger Afon Leine o hyd i benglog dynol ar y lan. Bythefnos yn ddiweddarach, ar Fai 29, 1924, darganfuwyd ail benglog. Ychydig ddyddiau'n ddiweddarach, daeth dau fachgen yn chwarae mewn cae ger pentref Dohran o hyd i sach yn cynnwys sawl asgwrn dynol. Ar Fehefin 13, daethpwyd o hyd i ddau benglog arall: un ar lan Afon Leine, a'r llall yn nes at felin yn Hannover.

Ar 8 Mehefin, 1924, cynhaliodd cannoedd o drigolion Hanover chwiliad helaeth o ddwy lan Afon Leine a'r ardaloedd cyfagos. Cafwyd hyd i nifer o esgyrn dynol ynddo, a gafodd eu trosglwyddo i'r heddlu. Mewn ymateb, penderfynodd yr heddlu chwilio trwy atal holl ddyfroedd Afon Leine. Cafwyd hyd i fwy na 500 o esgyrn dynol a rhannau o'r corff o'r afon sych. Cadarnhaodd meddygon yn ddiweddarach fodolaeth o leiaf 22 o unigolion dynol gwahanol. Roedd mwy na 30 y cant o'r gweddillion gan fechgyn 15 i 20 oed.

Canfu'r heddlu fod Haarmann yn amheus, gan ei fod wedi cael ei ddal mewn trosedd tebyg o'r blaen. Felly, ar 18 Mehefin, 1924, cyflogwyd dau blismon ifanc o Berlin yn gyfrinachol i oruchwylio Haarmann.

Ar noson Mehefin 22, 1924, gwelwyd Haarmann gan blismyn cudd yng ngorsaf reilffordd ganolog Hannover. Roedd yn ffraeo gyda bachgen 15 oed o'r enw Carl Fromm. Ar ôl ychydig, mae Haarmann yn cysylltu â'r heddlu ac, gan fynnu bod y bachgen yn teithio ar ddogfennau ffug, yn ei arestio. Ar ôl cael ei arestio, dywedodd Fromm wrth yr heddlu ei fod wedi bod yn byw gyda Haarmann am bedwar diwrnod a'i fod wedi ei threisio dro ar ôl tro, weithiau'n ei fygwth â chyllell o amgylch ei wddf.

Cafodd Haarmann ei arestio fore trannoeth ar gyhuddiad o ymosod yn rhywiol.

Ar ôl arestio Haarmann, chwiliwyd ei fflat. Roedd Haarmann wedi bod yn byw yno ers Mehefin 1923. Cafwyd hyd i staeniau gwaed helaeth ar y llawr, y waliau a'r gwely y tu mewn i'r fflat. I ddechrau ceisiodd Haarmann gamarwain yr heddlu trwy ddweud ei fod yn y fasnach gig.

Holwyd yn helaeth am ei weithgareddau gan gydnabod a chymdogion Haarmann. Dywedodd llawer o bobl ei fod yn aml yn arfer gadael y tŷ gyda sachau. Dywedodd llawer o bobl fod llawer o fechgyn yn arfer dod i'w dŷ. Adroddodd dau gyn-denant eu bod, ym mis Mawrth 1924, wedi dilyn Haarmann yn ofalus o'u fflat a'i weld yn taflu sach drom i Afon Leine.

Atafaelwyd dillad ac eitemau personol eraill a ddarganfuwyd yn fflat Haarmann gan yr heddlu a'u harddangos yng ngorsaf heddlu Hannover. Gwahoddwyd teuluoedd pobl ifanc yn eu harddegau coll a phobl ifanc o bob rhan o'r Almaen i weld y pethau hyn.

Bu cynnwrf pan adnabuwyd y gwrthddrychau. Mab rhywun wedi lladd brawd rhywun. Cymerodd y stori dro pan, ar 29 Mehefin, 1924, nodwyd y dillad, yr esgidiau a'r allweddi a gedwir yn fflat Haarmann fel gwrthrychau bachgen 18 oed a oedd ar goll o'r enw Robert Witzel.

O ystyried yr holl dystiolaeth a thystion, cyfaddefodd Haarmann iddo dreisio, llofruddio, a datgymalu sawl llanc rhwng 1918 a 1924. Mynnodd Haarmann ei fod yn cymryd pleser mawr yn datgymalu'r corff a'i fod yn cael egni dwyfol ohono.

Pan ofynnwyd iddo faint o bobl a laddodd, atebodd Hermann yn achlysurol fod rhywle rhwng 50 a 70.

Fodd bynnag, dim ond â diflaniad 27 o lanciau y gallai'r heddlu ei gysylltu â Haarmann, ac fe'i cyhuddwyd o lofruddio 27 o fechgyn a dynion oedd wedi diflannu rhwng Medi 1918 a Mehefin 1924.

Yn y cyfryngau, cyfeiriwyd at Haarmann gan deitlau fel "The Butcher of Hanover," "The Vampire of Hanover," a "The Wolf Man."

Tystiodd cyfanswm o 190 o dystion yn y llys. Ar 19 Rhagfyr, 1924, dyfarnodd y llys Haarmann yn euog o 24 o'r 27 llofruddiaeth a'i ddedfrydu i farwolaeth trwy ddienyddio. Ar ôl clywed y ddedfryd, safodd Haarmann gerbron y llys a datgan, "Rwy'n derbyn y dyfarniad yn llawn ac yn rhydd." Byddwn yn hapus yn mynd i'r bloc beheading."

Ni wnaeth Haarmann apelio yn erbyn y penderfyniad. Fel dymuniad olaf, mynnodd sigâr drud a phaned o goffi Brasil. Am 6 am ar Ebrill 15, 1925, dienyddiwyd pen Fritz Haarmann gan y gilotîn yng Ngharchar Hanover.

12. Robert Pickton (Canada)

Mae'n cael ei ystyried yn un o'r lladdwyr mwyaf ofnus yn y byd. Cyflawnodd 49 o lofruddiaethau, ac ar ol ei ddal, dywedodd ei fod yn difaru nas gallodd ladd y 50fed.

Ganed y llofrudd cyfresol hwn, Robert Pickton, ar Hydref 24, 1949, yn Port Coquitlam, Canada. Cigydd oedd Robert wrth ei alwedigaeth ac roedd yn berchen ar fferm foch. Rhieni Robert William Pickton oedd Leonard a Lewis Pickton, a oedd yn ffermwyr moch ac yn gigyddion yn Port Coquitlam, British Columbia, 27 cilomedr i'r dwyrain o Vancouver.

Gadawodd Pickton yr ysgol ar ôl astudio tan yr wythfed radd, ac ar ôl hyfforddiant cigydd byr, dechreuodd weithio ar fferm foch ei deulu.

Ym 1978, bu farw ei dad, a'r flwyddyn ganlynol bu farw ei fam. Roedd gan Pickton ddau frawd neu chwaer. Wedi rhaniad yr eiddo, daeth y fferm foch i Pickton. Wedi hynny, dechreuodd redeg y fferm ar ei ben ei hun.

Roedd ei ffurf fel "lle arswydus". Yr oedd yno "ddyn tawel iawn" fel Pickton yn byw, yr oedd ei ymddygiad yn rhyfedd iawn.

Yn araf bach, dechreuodd drefnu sioeau elusennol, dawnsfeydd ac arddangosfeydd ar ei fferm. Dechreuodd y partïon gwyllt yn y lladd-dy apelio at y bobl. Mynychodd miloedd o bobl y digwyddiadau hyn.

Mewn un parti o'r fath, ar Fawrth 23, 1997, cafodd Pickton ei gyhuddo o geisio llofruddio'r butain Wendy Lynn Ester, a drywanodd sawl gwaith yn ystod ffrwgwd yn y ransh. Cafodd Pickton ei arestio. Ond fe gafodd y cyhuddiad yn ei erbyn ei wrthod ym mis Ionawr 1998.

Gwaharddodd yr heddlu bartïon rhag cael eu cynnal ar y fferm, ond parhaodd Pickton i weithio'n gyfrinachol.

Roedd yr heddlu'n derbyn cwynion cyson fod y rhan fwyaf o' merched aeth i fferm Pickton, dros y tair i bedair blynedd diwethaf, mynd ar goll.

Diflannodd Serena Abbotsway, 29, yn Awst 2001; adroddodd ei mam ei diflaniad ar Awst 22, 2001. Aeth Mona Lee Wilson, 26, i weld ei meddyg ar 30 Tachwedd, 2001 ac adroddwyd ei bod ar goll y noson honno.

Cafodd Andrea Josbury, 22, ei gweld ddiwethaf ym Mehefin 2001 ac adroddwyd ei bod ar goll ar 8 Mehefin, 2001. Cafodd Brenda Ann Wolfe, 32 oed, ei gweld ddiwethaf ym mis Chwefror 1999 a dywedwyd ei bod ar goll ar Ebrill 25, 2000.

Adroddwyd bod Marnie Lee Frey, fel y gwelwyd ym mis Awst 1997, ar goll ar 29 Rhagfyr, 1997. Cafodd Georgina Faith Papin ei gweld ym mis Ionawr 1999 ac adroddwyd ei bod ar goll ym mis Mawrth 2001.

Cafodd Jacqueline Michelle McDonnell, 22, ei gweld ddiwethaf ym mis Ionawr 1999 a dywedwyd ei bod ar goll. Gwelwyd Diane Rosemary Rock, 34, ddiwethaf ar Hydref 19, 2001. Ar 13 Rhagfyr, 2001, adroddwyd ei bod ar goll. Cafodd Heather Kathleen Bottomley, 27, ei gweld ddiwethaf ar Ebrill 17, 2001, a dywedwyd ei bod ar goll.

Felly Helen Mai Hallmark, Patricia Rose Johnson, Heather Chinook, Tanya Hollick, Sherry Irving, Inga Monique Hall, Tiffany Drew, Sarah De Vries, Cynthia Felix, Angela Rebecca Jardine, Diana Melnick, Debra Lynn Jones, Wendy Crawford, Keri Kosky, merched fel Andrea Fey Borhaven, Cara Louise Ellis, ac ati wedi diflannu. diflaniad pwy gafodd ei adrodd i'r heddlu?

Ar Chwefror 6, 2002, ymosododd dwsinau o swyddogion heddlu â gwarantau chwilio am droseddau drylliau ar y fferm foch ym Mar Pickton, un o faestrefi Port Coquitlam.

Yn y chwiliad dwys, daethpwyd o hyd i eiddo personol y merched 'r y fferm a daethpwyd o hyd i rai arfau hefyd, a gafodd eu selio sglu'r heddlu. Y diwrnod wedyn, cafodd Pickton ei gyhuddo dd arfau a'i arestio. Yn ddiweddarach, cafodd ei ryddhau, ond ei gadw dan wyliadwriaeth yr heddlu. Roedd y chwilio am ei ffurflen hefyd yn mynd rhagddo. Hwn oedd yr ymchwiliad mwyaf i lofrudd cyfresol yn hanes Canada.

Ar Chwefror 22, 2002, arestiwyd Robert Pickton am lofruddiaethau Serena Abbotsway a Mona Wilson. Ar Ebrill 2, 2002, ychwanegwyd tri chyhuddiad arall am lofruddiaethau Jacqueline McDonnell, Diane Rock, a Heather Bottomley.

Dilynwyd hyn ar Ebrill 9, 2002, gan chweched cyhuddiad am lofruddio Andrea Josbury a seithfed ar gyfer Brenda Wolfe. Ar 20 Medi, 2002, ychwanegwyd pedwar cyhuddiad arall am lofruddiaethau Georgina Papin, Patricia Johnson, Helen Hallmark, a Jennifer Furminger. Cafodd pedwar cyhuddiad arall eu ffeilio ar Hydref 3, 2002, am lofruddiaethau Heather Chinnock, Tanya Hollick, Sherry Irving, ac Inga Hall, gan ddod â'r cyfanswm i bymtheg cyhuddiad.

Ar ôl arestio Pickton, daeth llawer o bobl ymlaen a siarad â'r heddlu am yr hyn a ddigwyddodd ar y fferm. Un o'r tystion oedd Lynn Ellingson. Rhag ofn colli ei fywyd, honnodd Ellingson ei fod wedi gweld Pickton sawl blwyddyn ynghynt gyda dynes yn hongian o fachyn cig ac nad oedd wedi dweud wrth neb amdano.

Parhaodd y gwaith o gloddio'r ffurflen. Roedd dadansoddi fforensig yn anodd wrth i'r cyrff bydru. Efallai bod Pickton wedi malu cnawd dynol a'i gyfuno â phorc a werthodd i'r cyhoedd, yn ôl y llywodraeth. Dywedodd swyddogion hefyd yn ddiweddarach fod Pickton yn bwydo'r carcasau yn uniongyrchol i'w foch.

Ar Fai 26, 2005, dygwyd deuddeg cyhuddiad arall yn erbyn Pickton am lofruddiaethau Cara Ellis, Andrea Borhaven, Debra Lynn Jones, Marnie Frey, Tiffany Drew, Keri Kosky, Sarah De Vries, Cynthia Felix, Angela Jardine, Wendy Crawford, a Diana.

Yn ystod holi Pictor, datgelwyd ei fod wedi lladd merched a chladdu eu cyrff yn ei fferm ger Vancouver. Roedd Robert yn targedu puteiniaid yn bennaf. Roedd yn arfer mynd i wahanol leoedd a siarad â phuteiniaid, gan ddod â nhw i'w fferm trwy eu denu â chyffuriau ac alcohol. Nid yn unig hyn, ond cyn y lladd, roedd Robert hefyd yn arfer cael rhyw gyda'r puteiniaid hyn. Roedd Robert yn arfer lladd merched drwy roi pigiadau iddyn nhw. Roedd yn arfer dweud wrth y merched hyn mai chwistrelliad o gyffuriau ydoedd. Ar ôl lladd y puteiniaid, byddai'n eu chwalu a'u taflu i'r sied faedd. Dywedir iddo gymysgu cnawd dynol â phorc a'i werthu i lawer o bobl.

Yn 2006, cafodd Robert Pickton ei gyhuddo o gyhuddiad gradd gyntaf o chwe llofruddiaeth. Ar 9 Rhagfyr, 2007, ar ôl treial hir, cafwyd Pickton yn euog o lofruddiaeth ail radd ym marwolaethau chwe menyw. Dedfrydwyd ef i garchar am oes.

Ond, pan gafodd Robert ei garcharu, cyhuddodd perthnasau'r dioddefwyr yr heddlu o beidio ag ymchwilio i'r mater yn drylwyr gan fod y rhan fwyaf o'r merched yn weithwyr rhyw. Honnodd y teulu pe bai'r heddlu wedi ymchwilio'n drylwyr i'r mater, y gallai llawer mwy o lofruddiaethau fod wedi cael eu datgelu.

13. Bela Kiss (Hwngari)

B ela Kiss oedd y llofrudd cyfresol mwyaf ofnus yn Hwngari. Roedd yn hoff o ladd merched. Ganed y llofrudd creulon hwn, Bela Kiss, ym 1877 yn Issac, Awstria-Hwngari, i Janos Kiss a Verona Verga. Yn ifanc, nid oedd ei berthynas â'i rieni yn dda. Nid oes llawer o wybodaeth yn ymwneud â phlentyndod Bela Kiss ar gael. Ond dywedir fod y dyn hwn yn drwsiadus a siriol iawn i'w weled. Roedd y bobl o gwmpas yr ardal lle roedd yn byw yn ei ystyried yn gyfeillgar iawn. Ond pan amlygwyd ei weithredoedd arswydus, chwythwyd synwyr pawb ymaith.

Yn 23 oed, roedd Bela Kiss yn rhentu tŷ yn ninas Cincotta. Ar y pryd, roedd yn arfer gwneud busnes bach ac roedd yn cael ei gydnabod fel gŵr bonheddig ymhlith y bobl o'i gwmpas.

Dechreuodd Bela Kiss, a ddisgrifiodd ei hun fel astrolegydd, ar y gwaith o gyflawni ei droseddau arswydus yn y flwyddyn 1903. Dywedir i Bela ladd mwy na 24 o ferched yn greulon. Arferai Bela gyhoeddi hysbysebion ar gyfer ei briodas yn y papurau newydd yn aml. Roedd yn arfer denu merched ag arian, tir neu eiddo a dweud wrthyn nhw am ei briodi. Yn y flwyddyn 1912, priododd Bela Kiss Mary, dynes 15 mlynedd yn iau na hi ei hun, ond yn fuan daeth Mary yn agos at arlunydd ifanc, Bikari. Y ddau ohonyn nhw oedd dioddefwyr cyntaf Bela. Pan ofynnwyd iddi am y ddau hyn, roedd Bela yn arfer dweud bod Mary wedi mynd i America gyda'i chariad, Bikari, ond y gwir oedd ei fod wedi llofruddio'r ddau ohonynt yn greulon.

Ar ôl y llofruddiaeth hon, gwnaeth Bela lawer o fenywod sengl yn ddioddefwyr. Arferai wahodd merched ag arian ac addurniadau i'w dŷ ac yna eu tagu i farwolaeth. Roedd yna hefyd beth iasol y credai Bela mewn cadw cyrff marw ei ddioddefwyr yn ddiogel ar ôl eu lladd. Prynodd lawer o ddrymiau dur. Ar ôl lladd merched, roedd yn arfer rhoi eu cyrff marw yn y drymiau hyn. Arllwysodd hefyd fethanol i'r drymiau hyn fel nad oedd drewdod y corff yn ymledu i bobman.

Galwyd Bela Kiss hefyd yn "Fampire" Cincotta oherwydd, ar ôl lladd llawer o ferched, fe holltodd eu gyddfau a thaflu'r holl waed o'u cyrff i'r draen.

Dinoethwyd troseddau Bela Kiss yn y flwyddyn 1914. Mae'n ymwneud â'r amser pan aeth Bela i gymryd rhan yn y Rhyfel Byd Cyntaf ar ran Byddin Awstria-Hwngari. Bryd hynny, roedd sïon bod Bela naill ai wedi'i lladd mewn brwydr neu wedi'i dal. Ar ôl hyn, penderfynodd ei landlord o'r diwedd y byddai'n cymryd stoc o'r drymiau dur enfawr a gedwir yn nhŷ Bela. Pryd bynnag y byddai'n holi Bela Kiss am y drymiau dur, dywedwyd wrtho eu bod wedi'u llenwi â phetrol i baratoi ar gyfer y dogn ar gyfer y rhyfel oedd ar ddod. Ond cyn gynted ag yr agorwyd y drymiau dur, chwythwyd y landlord i ffwrdd a hysbysodd yr heddlu amdano ar unwaith.

Ym mis Gorffennaf 1916, daeth Ditectif Brif Karoli o Heddlu Budapest i ymchwilio ac agor drwm. Cafwyd hyd i gorff dynes ynddo. Cafwyd hyd i gyrff tebyg mewn drymiau eraill hefyd. Cafwyd hyd i gyfanswm o 24 o gyrff wrth chwilio am dŷ Bela.

Cafwyd hyd i ystafell ddirgel a chaeedig yno hefyd. Yr oedd yr ystafell yn orlawn o lyfrau. Roedd llawer o'r llyfrau yn ymwneud â gwenwyno neu dagu. Cafwyd llythyrau oddi wrth lawer o ferched. Mae'r llythyrau hynaf yn dyddio'n ôl i 1903, a daeth yn amlwg pwy oedd yn twyllo—fel arfer, merched canol oed a oedd yn chwilio am briodfab i briodi.

Rhoddodd Kiss hefyd hysbysebion mewn colofnau priodas mewn sawl papur newydd a dewisodd fenywod sengl yn bennaf nad oedd ganddynt berthnasau fel na fyddai neb yn edrych amdanynt ar ôl eu marwolaeth.

Roedd hefyd yn twyllo ar lawer o ferched. Daeth yr heddlu o hyd i hen gofnodion llys hefyd oedd yn dangos bod dwy ddynes hefyd wedi cwyno am dwyllo yn ei erbyn gan ei fod wedi cymryd arian oddi arnyn nhw. Yn ddiweddarach, diflannodd y ddwy fenyw, a chafodd yr achosion eu gwrthod.

Fe wnaeth Kiss dagu pob menyw a ddaeth i mewn i'r tŷ, yna diffodd eu cyrff mewn methanol a'u selio mewn drymiau metel aerglos.

Ar ôl i'r mater ddod i'r amlwg, fe wnaeth yr heddlu ddwysau eu chwiliad am Bela. Gofynnodd yr heddlu lleol hefyd i'r fyddin arestio Bela Kiss.

Fodd bynnag, roedd gan lawer o bobl yn y fyddin enwau tebyg, felly ni allai'r fyddin ei arestio oherwydd nad oeddent yn gallu ei adnabod. Fodd bynnag, dywedir bod yr heddlu ar ôl hyn wedi dod i wybod bod Bela yn cael triniaeth mewn ysbyty yn Serbia. Ond cafodd y newyddion cyn i'r heddlu allu cyrraedd yr ysbyty, a ffodd oddi yno Hydref 4, 1916. Dywedir ar ôl hyn, y gwelwyd Bela ddiwethaf gan dditectif yn Ninas Efrog Newydd yn y flwyddyn 1932. Roedd yna hefyd sibrydion bod Bela yn byw yn Ninas Efrog Newydd ac yn gweithio fel porthor, er na ellid cadarnhau hyn. Pan aeth yr heddlu i holi'r gwyliwr, roedd wedi gadael.

Nid yw'r llofrudd cyfresol Hwngari hwn erioed wedi'i ddal ers hynny.

14. Samuel Little (Unol Daleithiau)

Roedd yn llofrudd cyfresol sinigaidd a dagodd 93 o fenywod i farwolaeth. Mae'n dorcalonnus bod ymchwilwyr wedi datgelu yn eu datgeliadau bod Little wedi gallu mwynhau pleserau corfforol rhyw ar ôl tagu pobl. Dywedodd ei fod yn arfer hela merched mewn lleoedd fel clybiau nos a bariau ac yna'n eu tagu trwy ddod â nhw yn ei gar.

Ganed Samuel Little yn Unol Daleithiau America ar 7 Mehefin, 1940, yn Reynolds, Georgia. Mae wedi cael ei enwi gan yr FBI fel y llofrudd cyfresol "mwyaf peryglus" yn hanes yr Unol Daleithiau. Roedd yn cymryd pleser mewn lladd merched. Roedd Little, cyn-focsiwr, yn targedu menywod ar y cyrion ac agored i niwed yn bennaf, fel gweithwyr rhyw a phobl sy'n gaeth i gyffuriau. Yn ôl yr FBI, credwyd bod llawer o farwolaethau Little yn ddamweiniol neu o ganlyniad i achosion amhenodol.

Roedd y llofrudd, Samuel, hefyd yn arlunydd gwych, a braslyniodd ac enwi'r bobl yr oedd yn eu hela. Ynghyd â hyn, dywedodd hefyd wrth yr heddlu am y flwyddyn a'r lle yr oedd wedi lladd a lle'r oedd wedi taflu'r corff marw. Ychydig oedd wedi cyfaddef iddo ladd 93 o bobl rhwng 1970 a 2005 hyd ei farwolaeth.

Sawl gwaith, byddai Samuel yn taflu'r corff marw i lawr llethr ffordd wag ar ôl y llofruddiaeth. "Yr ochr arall i'r ffordd, clywais sŵn a oedd yn dynodi ei fod yn dal i dreiglo."

"Roedd hi'n hyfryd ac roedd ganddi wedd ysgafn, croen mêl-frown, ac roedd ychydig yn dal, ac roedd ei ffigwr yn braf a chyfeillgar hefyd. Ym 1982, cwrddon ni mewn clwb. Aeth y ddau ohonom mewn car, ac yna stopion ni wrth lyn, a hi oedd yr unig ferch i mi foddi a lladd." esboniodd Samuel.

Roedd Samuel yn ddyn o hwyliau cyfnewidiol a arferai grwydro yma ac acw i wneud dioddefwyr yn gaeth i gyffuriau a merched yn wynebu anawsterau mewn bywyd.

Daeth dynes o'r enw Martha Cunningham hefyd yn ddioddefwr Samuel. Cafodd corff Cunningham ei ddarganfod gan rai helwyr mewn coedwig ar brynhawn Ionawr 18, 1975. Roedd ganddi gleisiau ar ei chorff ac roedd yn foel o'i chanol i lawr. Roedd ei phwrs a rhai gemwaith hefyd ar goll. Roedd yn ymddangos bod ei chorff wedi'i llusgo i'r pwynt hwnnw a'i daflu o dan goeden binwydd. Er gwaethaf y dystiolaeth hon, fe wnaeth y swyddog ymchwilio ar y pryd ei alw'n farwolaeth naturiol, ychydig ddyddiau'n unig ar ôl dod o hyd i'r corff. Roedd yr archwiliwr meddygol hefyd wedi datgan bod achos y farwolaeth yn "anhysbys" yn ei adroddiad.

Yn ôl swyddogion, roedd Samuel Little yn arfer lladd y dioddefwyr trwy eu dyrnu yn gyntaf ac yna eu tagu. Nid oedd unrhyw anaf cyllell na bwled ar gorff y dioddefwr, felly roedd yn anodd canfod ei bod wedi cael ei llofruddio. Mewn llawer o achosion, rhagdybiwyd y gallai marwolaeth y dioddefwr fod o ganlyniad i orddos neu ddamwain cyffuriau. Ni ymchwiliwyd i'r achosion hynny hyd yn oed.

Yn ôl swyddogion, cafodd y llofruddiaethau eu cyflawni mewn modd mor greulon fel nad yw'r heddlu wedi gallu adnabod y dioddefwyr hyd yn oed ar ôl i 50 mlynedd fynd heibio. Dywed swyddogion i Little wadu'r llofruddiaethau i ddechrau. Ond ar ôl bron i 700 awr o holi, cyfaddefodd Little i'w drosedd. Rhoddodd wybodaeth am sawl llofruddiaeth, gan gynnwys rhai nad oedd gan yr heddlu hyd yn oed wybodaeth amdanynt. Ar wahân i enwau'r dioddefwyr, dywedodd Samuel hefyd wrth yr heddlu ym mha flwyddyn a ble roedd wedi eu lladd ac yna i ble roedd wedi taflu eu cyrff. Roedd wedi dweud ei fod wedi crwydro a llofruddio mewn nifer o daleithiau eraill, gan gynnwys Florida, Texas, Georgia, Indiana, Mississippi, ac Ohio yn America.

Ar ôl cyflawni'r llofruddiaethau, roedd Samuel yn meddwl yn aml na fyddai byth yn cael ei ddal oherwydd nad oedd neb eto wedi cyfrif nifer ei ddioddefwyr.

Cyflawnodd Samuel fwy na 90 o lofruddiaethau mewn 12 talaith mewn 50 mlynedd. Yr hyn oedd hyd yn oed yn waeth oedd bod y dyn hwn, a gafodd ei arestio yn 78 oed, wedi cyflawni'r llofruddiaethau hyn dros fwy na 50 mlynedd. Dyna lofrudd a grwydrodd yn rhydd ar bridd America am bron i bum degawd. Cyn hyn, cafodd Little ei arestio gyntaf yn 16 oed. Roedd wedi treulio 10 mlynedd yn y carchar mewn gwahanol achosion.

Arestiwyd Samuel Little yn Kentucky yn 2012 mewn achos yn ymwneud â chyffuriau ac yna daethpwyd ag ef i California. Yma gwnaeth y swyddogion ei brawf DNA. Fe wnaeth paru ei DNA ddatrys dirgelwch tair llofruddiaeth yn Sir Los Angeles rhwng 1987 a 1989. Gwadodd Samuel y llofruddiaethau hyn ond fe'i cafwyd yn euog yn y pen draw a'i ddedfrydu i dair dedfryd oes ar wahân. Gyda'r gosb hon, nid oedd unrhyw le i gael parôl.

Roedd gan Samuel Little record droseddol helaeth eisoes, gyda throseddau'n amrywio o ladrata arfog i dreisio yn yr Unol Daleithiau.

Mae llofrudd cyfresol mwyaf peryglus America, Samuel Little, wedi bod yn y carchar ers 2014 ar ôl ei gael yn euog mewn sawl achos o lofruddiaeth. Cafodd ei dderbyn i ysbyty yng Nghalifformia oherwydd salwch, ond bu farw ar Ragfyr 30, 2020, yn 80 oed yn ystod triniaeth. Roedd ganddo lawer o afiechydon, fel diabetes a chlefyd y galon.

15. Luis Alfredo Garavito (Colombia)

Mae Luis Alfredo Garavito Cubillos yn lofrudd cyfresol ac yn treisiwr o Colombia. Mae Luis Alfredo yn llofrudd cyfresol a dreisio mwy na 300 o blant a lladd mwy na 140 o bobl.

Ganed Luis Alfredo Garavito ar Ionawr 25, 1957 yn Genoa, Colombia. Roedd gan Lewis saith o frodyr a chwiorydd. Dywedir bod mam Garavito yn butain a'i dad bob amser yn feddwyn. Roedd y gwrthdaro rhwng rhieni a phlant yn gyffredin. Yn y cyfamser, roedd yn rhaid i Garavito hefyd ddioddef gormes annioddefol ei rieni. Hyd yn oed yn blentyn, roedd y cymdogion wedi camymddwyn gyda Garavito. Ar ôl y digwyddiadau hyn, dirywiodd ei gydbwysedd meddyliol, a daeth hefyd yn gaeth i gyffuriau. Yn rhwystredig, yn wyth oed, rhedodd Garavito i ffwrdd o'i gartref a chymryd rhan mewn troseddau. Yn bennaf, roedd yn arfer crwydro o gwmpas yn feddw ac yn ddig.

Unwaith, ar ôl gweld Garavito ifanc yn crwydro ar ei ben ei hun ar y stryd, aeth dyn ag ef i'w gartref, gan addo bwyd a lle i orffwys iddo, ond yn lle darparu bwyd a lle i gysgu, ymosododd y dyn ar Garavito yn rhywiol.

Mewn hunan-amddiffyn, mae Garavito yn ymuno â gang o ladron. Roedd y criw hwn yn aml yn ysbeilio Colombiaid, a rhannwyd yr ysbeilio yn eu plith eu hunain. Daeth Garavito o hyd i le da yn y gang yn gyflym. Dechreuodd gael incwm da. Ar ôl ychydig flynyddoedd, fe wahanodd a dechreuodd ladrata ac erlid plant am ei foddhad rhywiol.

Roedd Garavito yn arfer gwneud ffrindiau gyda'r plant oedd yn byw ar y strydoedd trwy eu denu i roi anrhegion ac yna eu llofruddio. Arferai Garavito ddod yn werthwr stryd ac weithiau'n fynach i ennill ymddiriedaeth y plant. Nid yn unig hyny, ond mynychai yn mysg y bobl fel athraw a gweithiwr elusenol. Oherwydd iddo ddod yn athro neu weithiwr cymdeithasol, nid oedd pobl hyd yn oed yn ei amau ond yn diolch iddo. Targedodd Garavito fechgyn 6 i 16 oed a oedd naill ai'n ddigartref, yn ffermwyr neu'n blant amddifad. Byddai'n arfer dod yn offeiriad, weithiau'n ffermwr, yn werthwr, neu'n werthwr cyffuriau, i wooio'r bechgyn. Roedd Garavito yn aml yn cuddio ei hun er mwyn peidio â gwneud pobl yn amheus o'i weithgareddau.

Er mwyn cael cydymdeimlad y bobl, byddai'n mynd yn anfantais ar adegau. Pan fyddai pobl yn syrthio i'w fagl, byddai'n mynd â nhw am dro hir, ac ar ôl eu treisio, gan weld lle anghyfannedd, byddai'n eu tagu i farwolaeth. Nid yn unig hynny, ond fe dorrodd hefyd y corff marw yn ddarnau fel nad oedd modd ei adnabod. Roedd y llofrudd cyfresol hwn yn hela plant yn yr un modd mewn tua 50 o ddinasoedd yng Ngholombia.

Arweiniodd hyn at ddiflaniad cyflym bechgyn rhwng 6 ac 16 oed yng Ngholombia o ddechrau 1992. Roedd llawer o blant yng Ngholombia yn dlawd, yn ddigartref, neu'n blant amddifad oherwydd degawdau o ryfel cartref. Felly ni chafodd y llofruddiaethau hyn eu sylwi am flynyddoedd gan na chafodd unrhyw adroddiadau heddlu eu ffeilio am ddiflaniad llawer o ddioddefwyr.

Pan gododd nifer y plant coll yn annisgwyl, galwyd am ymchwiliad cynhwysfawr i'r plant coll yn 1997, gan nad oedd y llofruddiaethau wedi'u cyfyngu i ardal benodol.

Yn y dilyniant hwn, ym mis Chwefror 1998, darganfuwyd cyrff dau blentyn noeth yn gorwedd wrth ymyl ei gilydd ar fryn y tu allan i ddinas Genoa. Y diwrnod wedyn, darganfuwyd corff noeth plentyn arall ychydig fetrau i ffwrdd. Roedd dwylo'r tri wedi'u clymu ac roedd arwyddion o gam-drin rhywiol. Cafodd y dioddefwyr anafiadau gwddf difrifol a chleisiau ar eu cefnau, organau cenhedlu, coesau a phen-ôl.

Wrth i'r ymchwiliad fynd yn ei flaen, fe ddaeth yr heddlu o hyd i 36 o gyrff eraill yn y fynwent yn ninas Pereira, Colombia. Wedi hynny, roedd yr heddlu'n amau bod rhyw sect grefyddol y tu ôl i hyn.

Daethpwyd o hyd i nodyn yn lleoliad y drosedd, gyda chyfeiriad wedi'i ysgrifennu arno; arweiniodd y wybodaeth hon yr heddlu at gariad Garvito.

Enw cariad Garavito oedd Teresa. Cysylltwyd â hi ond dywedodd wrth yr heddlu nad oedd wedi gweld Garavito ers misoedd. Fodd bynnag, rhoddodd i'r heddlu fag yr oedd Garavito wedi'i adael gyda hi, a oedd yn cynnwys llawer o eiddo Garavito.

Roedd yr eitemau hyn yn cynnwys ffotograffau o fechgyn ifanc, toriadau papur newydd manwl o'u llofruddiaethau, eiddo eu dioddefwyr, a sawl bil. Arweiniodd y wybodaeth newydd hon yr heddlu at leoliad Garavito, ond ni ddaethpwyd o hyd iddo yno.

Roedd yr heddlu'n credu bod Garavito naill ai'n teithio i'w waith neu'n ceisio dod o hyd i'w ddioddefwr nesaf. Trodd pryder yr heddlu allan i fod yn wir.

Yn y cyfamser, pan geisiodd Garavito ddenu plentyn i ffwrdd, dechreuodd dyn oedd yn mynd heibio weiddi "heddlu." Yna cymerwyd Garavito i'r ddalfa ac felly daeth yn llofrudd mwyaf poblogaidd Colombia.

Pan chwiliwyd tŷ Garavitos, darganfuwyd toriadau papur newydd o'r dioddefwyr yno. Yn dilyn ymchwiliad, arestiodd yr heddlu Garavito yn briodol ar Ebrill 22, 1999, ar gyhuddiadau ar wahân o lofruddiaeth a cheisio treisio.

Cafodd Garavito ei holi am lofruddiaethau lleol a honiadau o dreisio yn ei erbyn. Ar y dechrau, fe wadodd yr holl honiadau. Yn ddiweddarach, pan gafodd ei dynhau, fe dorrodd. Cyfaddefodd y llofrudd hwn i lofruddiaeth 140 o blant o flaen yr heddlu. Yn ystod holi'r heddlu, cyfaddefodd Garavito i lofruddiaethau mewn 54 o ddinasoedd ledled y wlad. Yn seiliedig ar ei ddatganiad, fe wnaeth yr heddlu hefyd adennill cyrff a sgerbydau'r dioddefwyr.

Yn ôl yr heddlu, ni arhosodd mewn un lle am gyfnod estynedig ac fe newidiodd ei gartref yn aml, gan ei gwneud hi'n anodd ei ddal. Yn ystod y holi, gwnaeth Garavito fap a dweud wrth yr heddlu am y mannau lle'r oedd wedi lladd a chladdu'r cyrff.

Gwnaeth y llofrudd cyfresol hwn blentyn 6 oed yn ddioddefwr iddo am y tro cyntaf. Gellir mesur pa mor beryglus oedd y llofrudd hwn gan y ffaith ei fod hefyd yn cael ei alw'n "Y Bwystfil".

Er i Garavito gyfaddef lladd 140 o blant ar draws Colombia, fe'i cyhuddwyd o lofruddio 172. Fe'i cafwyd yn euog o 138 o'r 172 o lofruddiaethau. Cafodd Garavito y ddedfryd hiraf yn hanes Colombia: 1,853 o flynyddoedd a 9 diwrnod yn y carchar. Er y gallai gael ei ddedfrydu i uchafswm dedfryd o 30 mlynedd o dan gyfraith Colombia am y troseddau hyn, mae'n debygol o gael ei ryddhau o'r carchar ar ôl treulio 22 mlynedd am ei gymorth gyda'r ymchwiliad.

Ar hyn o bryd mae Garavito yn bwrw ei ddedfryd yn un o garchardai mwyaf diogel Colombia. Mae'n cael ei gadw ar wahân i'r holl garcharorion eraill oherwydd ofnir y caiff ei ladd ar unwaith.

16. Si Quey Sae-Ung (Gwlad Thai)

Dywedir mai Si Quey Sae-Ung yw'r llofrudd cyfresol cyntaf yn hanes Gwlad Thai fodern. Yn y 1950au, lladdodd nifer o blant a honnir iddo fwyta eu iau a'u calonnau.

Pan nad oedd milwyr yn cael bwyd ar faes y gad, fe wnaethon nhw geisio goroesi trwy fwyta cyrff milwyr marw. Eu gorfodaeth hwy oedd gwneud hynny.

Ar ôl diwedd yr Ail Ryfel Byd, pan ddychwelodd y milwyr i'r byd go iawn, aeth pawb yn ôl i'r hen ffordd o fyw, ond ni ddigwyddodd hyn i bawb. Daeth Si Quey Sae-Ung, milwr Tsieineaidd a oedd wedi ymladd yn yr Ail Ryfel Byd, i'r arfer o fwyta cnawd dynol.

Er bod Si Quey yn wreiddiol o Tsieina, yn y flwyddyn 1946, daeth i Wlad Thai ac ymgartrefu yno. Dechreuodd Si Kwai fywyd newydd yng Ngwlad Thai, lle bu'n byw mewn tlodi ac yn gwneud amryw o dasgau llafur syml megis garddio. Yn ystod yr amser hwn, roedd yn bwyta prydau arferol, ond daeth ei awydd i fwyta cnawd dynol yn gryfach erbyn y dydd. Pan na allai fyw hebddo, dechreuodd godi plant o'r ardal gyfagos.

Byddai Si Quey yn codi'r plentyn yn gyntaf, ac yna'n ei arteithio i farwolaeth. Ar ôl hyn, byddai llawer o'i organau, gan gynnwys ei iau a'i galon, yn cael eu tynnu a'u bwyta. Gwnaeth chwech o blant yn ddioddefwyr fesul un. Roedd Si Quey yn hela ei hun yn hawdd, gan osgoi llygaid yr heddlu a'r cyhoedd, ond un diwrnod yn y flwyddyn 1958, gwelodd pobl ef yn llosgi corff marw yng nghoedwig talaith Rayong.

Daeth y bobl leol yn amheus, gan feddwl bod Si Quey, oedd yn byw ar ei phen ei hun yng Ngwlad Thai, yn llosgi corff, ac fe wnaethon nhw alw'r heddlu. Daeth yr heddlu ac arestio Si Quay a mynd ag ef i orsaf yr heddlu. Pan ddechreuodd Si Quey gael ei holi yno, fe ddechreuodd gamarwain yr heddlu. Ond ni allai Si Quey ddweud celwydd wrth yr heddlu am hir a sarnu'r stori gyfan.

75

Llosgodd gorff bachgen 8 oed. Roedd y bachgen hwn wedi bod ar goll o'i dŷ ers rhai dyddiau. Nid yn unig lladdodd y plentyn a cheisio dinistrio'r dystiolaeth, ond bwytaodd rai o'i rannau hefyd.

Yn ystod yr ymchwiliad, fe glywodd yr heddlu fod Si Quey hefyd wedi cyflawni llofruddiaethau pump o blant eraill oedd wedi diflannu ar ôl 1954. Fe dynodd eu horganau allan, eu berwi, a'u bwyta.

Cafwyd hyd i gyrff pedwar o blant yn ardal Thap Sake yng nghanol Gwlad Thai, tra bod y llofruddiaethau eraill wedi'u cyflawni yn Bangkok a Nakhon Pathom a Rayong gerllaw.

Cafodd yr heddlu sioc o glywed bod y plant yr oedd yn chwilio amdanynt wedi cael eu lladd a'u bwyta gan y llofrudd. Cafodd ei gyhuddo o ladd chwech o blant. Cyfaddefodd wrth yr heddlu ei fod yn targedu'r plant gan ei bod yn hawdd eu hudo.

Roedd papurau newydd yn cynnwys straeon brawychus am orffennol Si Quey. Ymladdodd yn erbyn y Japaneaid ar ynys Hainan fel aelod o fyddin Tsieina, lle y cyfarwyddodd ei bennaeth i'w ddynion fwyta iau eu gelynion marw. Fel canol yr enaid dynol, credid bod gan yr afu bwerau adfywiol.

Yn y dyddiau hynny, roedd ei enw mor ofnus nes i rieni ddechrau galw ei enw i ddychryn y plant rhag mynd allan ar ôl iddi dywyllu.

Cynhaliwyd gwrandawiad llys, a dedfrydwyd y llofrudd cyfresol i farwolaeth. Bryd hynny yng Ngwlad Thai, rhoddwyd y gosb eithaf trwy saethu. Dienyddiwyd Si Quey trwy saethu yn 1959, ond hyd yn oed ar ôl hyn, ni chafodd ei amlosgi.

Yn dilyn ei farwolaeth, gofynnodd meddyg yn Ysbyty Siriraj lleol i gorff Si Quey gael ei gadw fel y gellid astudio ei ymennydd. Caniatawyd y cais a gosodwyd ei fam mewn arch wydr yn yr Amgueddfa Fforensig yn Ysbyty Siriraj yn Bangkok, yr ymwelodd pobl o bob cwr o'r byd â hi.

Tynnwyd corff Si Quey o'r blwch ym mis Awst 2019 ar ôl ymgyrch gan weithredwyr hawliau dynol, a 60 mlynedd yn ddiweddarach, ym mis Gorffennaf 2020, gweddïodd mynachod Bwdhaidd yn Bangkok gyda blodau o flaen arch Si Quey. Ar ôl hynny, aethpwyd â'i gorff i'r amlosgfa, lle perfformiodd pennaeth yr adran gywiriadau ddefodau olaf y llofrudd cyfresol. Yn ystod hyn, ar wahân i staff yr ysbyty, roedd pobl leol hefyd yn bresennol.

17. Richard Ramirez (Unol Daleithiau)

Mae llawer o laddwyr cyfresol ofnus wedi bod yn y byd, ond mae yna rai enwau sy'n gwneud i'r enaid grynu. Enw un diafol o'r fath yw Richard Ramirez. Enwodd y byd ef hefyd yn " Heliwr y Nos." Cofrestrwyd 13 achos o lofruddiaeth, 5 o ymgais i lofruddio, 11 o dreisio, a 14 o achosion dacoity yn ei erbyn. Er mai ffigwr swyddogol yn unig yw hwn, mae rhestr ei droseddau yn llawer hirach na hynny.

Ganed Ricardo Leva Muoz Ramrez, neu Richard Ramrez, ar Chwefror 29, 1960, yn El Paso, Texas, UDA. Yn nhy Giulian a Mercedes Ramirez. Roedd ei dad yn alcoholig blin a arferai guro ei wraig a'i blant yn aml. Wrth fynd i mewn i amgylchedd y cartref, dechreuodd Richard Ramirez gymryd cyffuriau ac yfed alcohol yn 10 oed.

Ym 1982, yn 22 oed, symudodd Ramirez o Texas i California. Yma, ar Ebrill 10, 1984, gwnaeth ei ddioddefwr cyntaf. Yn islawr gwesty San Francisco lle'r oedd yn aros, llofruddiodd Ramirez Mei Leung, merch naw oed, merch Tsieineaidd-Americanaidd. Mae hi'n cael ei threisio cyn i Ramirez hongian ei chorff marw oddi ar bibell.

Mae'r ffaith ei fod yn arfer bwyta bwyd tra'n eistedd ger cyrff marw yn datgelu pa mor greulon oedd o'n droseddwr. Ar ôl y llofruddiaeth, roedd yn aml yn bwyta popeth a gedwir yn nhŷ'r dioddefwr.

Ar 28 Mehefin, 1984, canfuwyd Jenny Vinko, 79 oed, yn farw yn ei fflat yn Los Angeles. Daeth y llofruddiaeth i'r amlwg pan ddaeth Jack Vinko i ymweld â thŷ ei fam. Gwelodd len ffenestr ar goll, y drws ffrynt yn agored, ac eiddo ei fam yn wasgaredig o gwmpas y tŷ. Cafodd Jenny Vinko hollt ei gwddf a chafodd ei thrywanu dro ar ôl tro.

Ar Fawrth 17, 1985, ymosododd Ramirez ar Maria Hernandez, 22 oed, y tu allan i'w chartref yn Rosemead, Sir Los Angeles, California. Saethodd Maria yn ei hwyneb, ond goroesodd. Cafodd ei chyd-letywr, Yoshi Okazaki, a ddaeth i'w achub, hefyd ei saethu'n farwol yn ei phen gan Ramirez. Awr yn ddiweddarach, saethwyd Ramirez ddwywaith ar ôl tynnu Sai-Lian Veronica Yu o'i char ym Mharc Monterey a ffoi.

Ar Fawrth 27, 1985, symudodd Ramirez i gartref yn Whittier, Sir Los Angeles, De California. Yma yr oedd wedi dwyn o'r blaen. Saethodd Vincent Charles Zazara, 64 oed oedd yn cysgu, yn ei ben. Cafodd ei wraig, Maxine Levania Zazara, 44, ei deffro gan sŵn ergyd gwn. Curodd Ramirez ef i fyny a'i slamio i un ochr. Yna dechreuodd gasglu pethau gwerthfawr o'r tŷ. Gan gymryd y cyfle, tynnodd Maxine wn allan o ddrôr a'i bwyntio at Ramirez gyda dwylo crynu. Ond fe saethodd y gwatwarwr Ramirez ef deirgwaith, yna ei drywanu, a'i lygaid yn pylu. Rhowch y llygaid mewn bocs o emwaith a gadewch. Yna efe a adawodd, gan adael ei olion traed.

Ar 14 Mai, 1985, ymosododd Ramirez ar y teulu Doi. Mae'n torri i mewn i dŷ Bill a Lillian Doi ym Mharc Monterey. Saethodd Bill Doi yn ei wyneb a'i adael yn farw, yna clymu Lillian. Chwiliodd yn ei thŷ am bethau gwerthfawr ac yna ei threisio. Bu farw Bill Doi yn yr ysbyty.

Ar Fai 29, 1985, fe wnaeth Ramirez ddwyn car yn Monrovia, California, a'i yrru i mewn i gartref Mabel "Ma" Bell a Florence "Netty" Lang. Ymosododd ar y ddwy ferch gyda morthwyl a'u clymu yn yr ystafell wely. Yna casglwyd y pethau gwerthfawr. Mae Bell yn cael ei threisio'n greulon ac yna mae'n rhedeg i ffwrdd, gan adael y ddau ohonyn nhw i farw. Cafwyd hyd i'r ddau yn fyw ddeuddydd yn ddiweddarach, ond bu farw Bell yn y diwedd o'i hanafiadau angheuol.

Ar 30 Mai, 1985, torrodd Ramirez i mewn i gartref Carol Kyle yn Burbank mewn car wedi'i ddwyn. Clymodd fab Carol, 11 oed. Treisio Carol a rhedeg i ffwrdd gyda'i phethau gwerthfawr.

Ar 2 Gorffennaf, 1985, cyrhaeddodd Ramirez gartref Mary Louise Cannon yn Arcadia, California, mewn car wedi'i ddwyn. Cymerodd ei fywyd gyda chyllell, lladrata'r pethau gwerthfawr a ffoi.

Ar Orffennaf 5, 1985, ymosododd Ramirez ar Whitney Bennett, 16 oed, gyda haearn pan oedd yn cysgu gartref yn Sierra Madre, California. Yna ceisiodd ei thagu â gwifren ffôn ond wrth weld y sbarc yn deillio o'r wifren, rhyddhaodd Ramirez hi a rhedeg i ffwrdd gyda rhai pethau gwerthfawr. Goroesodd Bennett y farwolaeth.

Ar 7 Gorffennaf, 1985, torrodd Ramirez i mewn i gartref Joyce Lucille Nelson yn Monterey Park. Lladdodd Joyce drwy ei churo. Yna fe dorrodd i mewn i dŷ Sophie Dickman. Fe'i handcuffed hi yn gunpoint, ceisio ei threisio, a dwyn ei gemwaith. Yna cododd y slogan, "Satan, Long Live" a rhedeg i ffwrdd.

Ar 20 Gorffennaf, 1985, prynodd Ramirez fwyell a dwyn car arall. Gyrrodd y car i gartref Layla a Maxon Needing yn Glendale, California. Lladdodd y ddau gyda bwyell a gwn mewn cyflwr gwael a lladrata o'r tŷ.

Yna fe dorrodd i mewn i dŷ Khovanant yn Sun Valley. Saethodd Chanarong Khovanant Somkid Khovanant yn angheuol a'i threisio. Roedd ei fab wyth oed yn gaeth. Gorfodwyd Somkid i gymryd y pethau gwerthfawr o'r tŷ. Cafodd ef i godi sloganau o "Satan Long Live" a rhedodd i ffwrdd, gan fygwth peidio â chuddio'r arian.

Torrodd Ramirez i mewn i gartref Chris a Virginia Peterson ar Awst 6, 1985. Saethodd Virginia yn ei wyneb, yna Chris yn y gwddf. Dihangodd Chris a'i wynebu. Roedd Virginia hefyd yn cracio i lawr arno. Roedd yn rhaid i Ramirez redeg. Goroesodd y cwpl.

Ar Awst 8, 1985, torrodd Ramirez i mewn i dŷ Sakina ac Elias Aboth. Saethodd Elias yn ei ben tra'n cysgu. Roedd ei fab tair oed wedi ei glymu. Yna gofynnodd i Sakina ddod â gemwaith iddi. Treisio Sakina, yna lladd hi a gadael.

Ar Awst 18, 1985, gadawodd Ramirez Los Angeles a symud i San Francisco. Yma mae'n torri i mewn i dŷ Peter a Barbara Pan ac yn saethu Peter yn ei ben. Cafodd Barbara ei threisio a'i saethu. Ysgrifennodd "Jack the Knife" ar wal yr ystafell wely gyda'i minlliw a rhedodd i ffwrdd gyda'r pethau gwerthfawr.

Ar Awst 25, 1985, cyrhaeddodd Ramirez Mission Viejo wedi'i ddwyn o gar Toyota oren wedi'i ddwyn. Ond, cyn iddo allu stopio, dywedodd James Romero, 13 oed, a oedd yn chwarae gerllaw, "Ein car!" ac a aeth i hysbysu ei dad. Erbyn i'r teulu ddod allan, roedd Ramirez wedi ffoi. Fodd bynnag, nododd y teulu eu car yn ôl lliw, gwneuthuriad a rhif plât trwydded y car a hysbysu'r heddlu.

Yn anymwybodol o hyn oll, ymosododd Ramirez i mewn i dŷ Bill Carnes ac Inez Erikson. Clymodd Bill Carnes a'i ddyrnu'n ddifrifol. Fe dreisio ei wraig, Inez Eriksson, a dweud wrthi ei bod hi mewn cariad â'r diafol, Ramirez.

Ar ôl iddo adael, rhoddodd Erikson fanylion Ramirez i'r heddwas. Canfuwyd ei olion bysedd yn y drych hefyd. Yn ôl y manylion a dderbyniwyd gan Erikson, cymerodd yr heddlu ei lun a'i gyhoeddi yn yr holl bapurau newydd.

Teithiodd Ramirez i Tucson, Arizona, i weld ei frawd ar Awst 30, 1985. Dychwelodd y bore wedyn, ar Awst 31, 1985.

Y bore hwnnw, aeth Ramirez i siop gwirodydd yn Downtown Los Angeles a rhedeg i ffwrdd pan welodd ei wyneb ar dudalen flaen y papur newydd. Cyn gynted ag y dechreuodd Ramirez redeg, roedd pobl yn ei adnabod.

Mewn fflat heb fod ymhell i ffwrdd, ceisiodd gipio Angelina de la Torre. Gwaeddodd yn Sbaeneg i roi allweddi'r car. Gwrthododd hi. Daeth ei gŵr, Manuel de la Torre, yn agos a tharo Ramirez ar bolyn trydan.

Wrth glywed y sŵn, daeth cymdogion allan ac amgylchynu Ramirez. Cafodd ei guro'n drwm a'i drosglwyddo i'r heddlu.

Dechreuodd treial Ramirez ar 22 Gorffennaf, 1988. Yn ei ymddangosiad llys cyntaf, gwaeddodd Ramirez, "Satan, Long Live."

Ar Awst 14, 1988, saethwyd Phyllis Singletary, aelod o'r rheithgor yn achos Ramirez, a'i ladd yn ei fflat. Mae'r rheithgor yn meddwl tybed ai Ramirez oedd y tu ôl i'w marwolaeth ond yn ddiweddarach mae'n dysgu bod ei chariad wedi ei lladd ac yna wedi cyflawni hunanladdiad.

Ar 20 Medi, 1989, cafwyd Ramrez yn euog a'i ddedfrydu i farwolaeth ar 13 cyhuddiad o lofruddiaeth, pum cyhuddiad o geisio llofruddio, 11 cyhuddiad o ymosodiad rhywiol, a 14 cyhuddiad o ddwyn. Dywedodd y rheithgor, "Mae ei droseddau yn llawn creulondeb a milain, y tu hwnt i unrhyw raddfa ddynol."

Ni fynegodd Ramirez ofid erioed am ei droseddau. Bu farw o gymhlethdodau iechyd ar Fehefin 7, 2013, yn 53 oed, yn Ysbyty Cyffredinol Marin yn Greenbrae, California.

18. Dennis Nilsen (DU)

Ganed Dennis Andrew Nilsen ar 23 Tachwedd, 1945, yn Fraserburgh, Swydd Aberdeen, yr Alban. Ei rieni oedd Elizabeth Duthie White ac Olav Magnus Moxheim. Ef oedd yr ail hynaf o'u tri phlentyn. Yn y flwyddyn 1948, ysgarodd ei rieni. Cafodd atgofion plentyndod cynnar Nilsen eu llenwi â chwalfa deuluol.

Roedd Nilsen yn caru ei daid yn fawr iawn. Roedd ei daid yn bysgotwr. Ychydig wythnosau cyn penblwydd Nilsen yn chweched, bu farw ei dad-cu o drawiad ar y galon wrth bysgota ym Môr y Gogledd.

Ar ôl marwolaeth ei dad-cu, daeth Nilsen yn unig. Pan ddaeth glasoed, sylweddolodd Nilsen ei fod yn hoyw. Fodd bynnag, oherwydd dryswch a chywilydd, ni ddywedodd wrth ei deulu a'i ffrindiau amdano.

Ym 1961, yn 14 oed, ymunodd Nilsen â Llu Cadetiaid y Fyddin yn y Fyddin Brydeinig a hyfforddi fel cogydd. Roedd ei yrfa filwrol 11 mlynedd yn rhychwantu'r Almaen, Norwy, De Yemen, Cyprus, a'r Alban.

Ym 1972, gadawodd swydd y fyddin a daeth i Lundain, lle ymunodd â'r heddlu am beth amser.

Ar ddechrau'r llofruddiaeth gyfresol, ceisiodd Nilsen dagu dyn ifanc yr oedd wedi dod ag ef adref. Ond ffodd y llanc trwy neidio o'r ffenest, a chafodd yr heddlu eu galw i'r fan a'r lle. Ond pan wrthododd y dyn ifanc a'i deulu yng ngorsaf yr heddlu lefelu'r cyhuddiadau, cafodd Nilsen ei ryddhau.

Digwyddodd llofruddiaeth gyntaf Nilsen ym mis Rhagfyr 1978. Roedd yn bennaf yn targedu ieuenctid digartref, lluwchwyr, gweithwyr rhyw, a dynion hoyw. Byddai fel arfer yn cyfarfod â dieithriaid mewn bariau ac ar drafnidiaeth gyhoeddus, a fyddai'n cael eu cludo i'w gartref gyda chynigion o alcohol neu le i aros. Yn yr un modd, ar ddiwedd 1978, cyfarfu â Stephen, Dean Holmes, 14 oed. Aeth y ddau adref gyda'i gilydd, ond ni ddychwelodd Holmes. Fe wnaeth Nilsen dreisio a lladd Holmes oherwydd ei fod yn ofni y byddai Holmes yn cwyno i'r heddlu. Yn fuan wedyn, ceisiodd ladd myfyriwr o'r enw Andrew Ho, ond dihangodd Ho a ffoi.

Ym mis Rhagfyr 1979, lladdodd Nilsen dwristiaid o Ganada Kenneth Ockenden.

Dechreuodd y flwyddyn 1980 gyda llofruddiaeth Martin Duffy. Daeth Nilsen â'r bachgen digartref 16 oed hwn i'w gartref gyda'r addewid o loches a bwyd. Daeth y bachgen yn drydydd dioddefwr Nilsen. Ar ôl diflaniad Martin Duffy, bu ei deulu'n chwilio llawer amdano.

Lladdodd Nilsen bump o bobl eraill yn ystod y flwyddyn 1980. Fodd bynnag, dim ond un ohonynt a nodwyd. Roedd William Billy Sutherland, a aned yn yr Alban, yn 26 oed pan ddaeth i Lundain i chwilio am waith ym mis Awst 1980. Aeth i ganolfan waith lle'r oedd Nilsen yn gweithio a chafodd ei ladd yn fuan wedi hynny. Dywedodd ei deulu ei fod ar goll, ond hyd nes i Nilsen gael ei arestio, roedd achos Sutherland yn parhau heb ei ddatrys.

Yna ceisiodd Nilsen ladd Douglas Stewart, 29 oed, ond ffodd Stewart ar ôl bradychu Nilsen.

Ym mis Medi 1981, lladdodd Nilsen Malcolm Barlow. Roedd Malcolm Barlow yn ddyn ifanc digartref 24 oed. Unwaith iddo fynd yn sâl, galwodd Nelson ambiwlans a'i anfon i'r ysbyty. Dywedodd Malcolm Barlow y byddai'n diolch i Nelson pan fyddai'n gwella. Ond ni wellodd erioed a chafodd ei ladd.

Ym mis Tachwedd 1981, hudo Nilsen, 19-mlwydd-oed, Paul Nobbs. Fe'i treisiodd Nilsen trwy gydol y nos. Pan ddechreuodd ei guro, plediodd Paul Nobbs i adael. Roedd ganddo friwiau ar ei wddf a chleisiau ar ei wyneb. Mae Nilsen yn penderfynu ei adael ac yn awgrymu y dylai fynd at y meddyg. Ni wnaeth Nobbs riportio'r digwyddiad i'r heddlu.

Ym mis Mawrth 1982, lladdodd Nilsen John Howlett, 23 oed. Ym mis Mai 1982, dihangodd dyn ifanc o'r enw Carl Stotter o grafangau ei ddaliwr. Cwynodd wrth yr heddlu, ond ni chredwyd ei stori.

Ym mis Medi 1982, cafodd Graham Allen, 27 oed, ei lofruddio gan Nilsen.

Yn gynnar yn 1983, llofruddiodd Nilsen Stephen Sinclair, 20 oed, a chafodd ei ddal. Fe wnaeth Nilsen fflysio rhai o weddillion Stephen Sinclair i'r toiled, a rhwystrodd ddraeniau ei dŷ. Galwodd Nilsen blymwr. Ac mae'r plymwr yn datgelu cyfrinach ofnadwy Nilsen.

Daeth plymwyr o hyd i sylwedd tebyg i gnawd a rhai esgyrn bach yn y draeniau. Hysbysodd y cymydogion am hyn. Roedd cymdogion yn ofni y gallai fod yn weddillion dynol. Ac atebodd Nilsen, "Rwy'n teimlo bod rhywun yn colli eu cyw iâr o Kentucky Fried."

Erbyn y bore wedyn, roedd y draeniau wedi eu clirio, ond darganfuwyd tystiolaeth o fwy o gnawd ac esgyrn mewn pibell. Cafodd yr heddlu eu galw, a chadarnhaodd meddyg fod y gweddillion yn ddynol.

I ddechrau, esgusodd Nilsen ei fod wedi cael sioc, ond dywedodd DCI Peter J yn groch, "Peidiwch â gwneud llanast gyda mi. Ble mae gweddill y corff?"

Yna atebodd Nilsen yn dawel, "Cadw mewn dau fag plastig yn y cwpwrdd."

Arestiwyd Nilsen a gwnaeth gyfaddefiad hir lle cyfaddefodd ei fod wedi llofruddio mwy na dwsin o bobl. Fodd bynnag, dim ond wyth ohonynt a nodwyd.

Cafwyd hyd i rannau corff tri dyn yn ei dŷ. Cawsant eu tagu i farwolaeth. Daethpwyd o hyd i esgyrn golosgedig o leiaf wyth corff yn ei gyfeiriad blaenorol, Melrose Avenue.

Cyfaddefodd Nilsen iddo ladd o leiaf 15 o bobl ond fe'i cafwyd yn euog yn y pen draw o lofruddiaethau chwech o bobl a dau geisio llofruddio. Ar 4 Tachwedd, 1983, cafodd ei ddedfrydu i 25 mlynedd yn y carchar, ond yn ddiweddarach fe'i cymudo i garchar am oes. Bu farw

Nilsen ar Fai 12, 2018, yn 72 oed, yn Ysbyty York, Efrog, y Deyrnas Unedig, ar ôl syrthio i mewn i gell carchar.

19. Joachim Kroll (Yr Almaen)

Cofnodir Joachim Kroll fel y llofrudd cyfresol cyntaf yn hanes yr Almaen. Am fwy nag 20 mlynedd, parhaodd Joachim Kroll yn achos ofn ymhlith y bobl. Lladdodd lawer o ferched mewn modd erchyll. Nid yn unig cafodd ei ladd, ond roedd hefyd yn arfer bwyta darnau o'r corff marw. Dyna pam y cafodd y llofrudd cyfresol hwn ei adnabod hefyd fel y "Man-Eater."

Ganed Joachim Kroll ar Ebrill 17, 1933, yn Zabrze, sydd bellach yn rhan o Wlad Pwyl. Ef oedd yr ieuengaf o wyth o frodyr a chwiorydd. Pan fu farw tad Kroll yn yr Ail Ryfel Byd, symudodd ei deulu i dŷ bach dwy ystafell a rannodd Joachim gyda'i chwe chwaer a brawd.

Gwnaeth Joachim ei addysg tan y bumed radd, ac wedi hynny aeth i weithio ar fferm y teulu. Yn 22 oed, roedd yn byw gyda'i fam fel oedolyn a oedd yn arafach. Mae'n debyg oherwydd ei bod yn rhy anodd iddo fod ar ei ben ei hun. Roedd yn arfer gwlychu'r gwely, hyd yn oed yn ei arddegau.

Ar ôl marwolaeth ei fam yn 1955, symudodd Kroll i Duisburg, un o faestrefi Laar, yn rhan ogledd-orllewinol yr Almaen. Yma bu'n gweithio fel cynorthwyydd toiled.

Galwyd Kroll gan y plant lleol yn "Uncle Joachim". Roedd yn arfer storio teganau, candy, a doliau yn ei fflat bach yn Friesenstrasse. Weithiau byddai'n gwahodd plant y gymdogaeth i'w dŷ. Byddai llawer o ferched ifanc hefyd yn dod i'w dŷ. Roedd y merched ifanc wrth eu bodd â'i ddoliau awyrog.

I fodloni ei chwantau rhywiol, roedd Kroll yn arfer cael rhyw gyda doliau awyrog a'u defnyddio fel ymarfer tagu.

Am flynyddoedd, bu Joachim yn byw ar Friesenstrasse. Daliodd ati i roi danteithion ac anrhegion i blant ifanc. Mae pobl leol yn cofio Joachim fel dyn dymunol ac ystyriol ac yn meddwl ei fod eisiau cael teulu. Ond pan gaiff Joachim Kroll ei arestio am lofruddio 14 o ddioddefwyr, mae ei gymdogion yn arswydo eu bod yn byw wrth ymyl llofrudd cyfresol.

Cafodd Joachim ei ddal nid oherwydd ysbïo'r heddlu, ond oherwydd ei fod wedi tagu draeniau toiled gyda rhannau o'r corff dynol.

Roedd toiled a rennir yn y tŷ lle'r oedd yn byw. Pan fydd Kroll yn dweud wrth ei gymydog, Oscar Müller, i beidio â defnyddio'r toiled oherwydd ei fod wedi'i rwystro gan gnawd dynol, mae Müller mewn sioc. Aeth i'r toiled a gweld bod darnau o gnawd, gwaed, ac ati yn arnofio yn y dŵr.

Pan gyrhaeddodd plymwr i ymchwilio i'r toiled, darganfu nad oedd Kroll yn cellwair. Cafwyd hyd i organau mewnol plentyn yn y toiled, a chymerodd yr heddlu a'r plymwr yr organau i gyd a'u rhoi mewn bwced.

Roedd y ferch fach, Marion Ketter, wedi bod ar goll ers sawl diwrnod, a buan iawn y sylweddolodd yr heddlu fod gweddillion merch fach yn y bwced.

Roedd yr heddlu wedi cynhyrfu. Penderfynodd chwilio am dŷ Kroll. Roedd rhywbeth yn coginio yng nghegin Kroll. Pan ofynnwyd iddo, cyfaddefodd yn achlysurol ei fod yn cynnwys darnau o'r ferch goll, lle gwelwyd hyd yn oed llaw fach yn aeddfedu rhwng y foronen a'r pys.

Ar 3 Gorffennaf, 1976, arestiwyd Kroll am herwgipio a llofruddio merch bedair oed o'r enw Marion Ketter. Ni wrthwynebodd yr arestiad.

Daeth yr heddlu o hyd i ddarnau o gnawd dynol yn ei oergell hefyd.

Cyfaddefodd Kroll, 43, iddo ladd o leiaf pedair ar ddeg o ferched rhwng 1955 a 1976. Roedd y dioddefwyr i gyd rhwng pedair a chwe deg oed.

Dywedodd wrth yr heddlu nad oedd, yn ifanc, wedi gallu cael rhyw gyda merched.

Dyfalbarhaodd Kroll yn dawel yn ei lofruddiaeth tra bod yr heddlu'n chwilio'n eiddgar am lofrudd y plant. Doedd gan Kroll ddim syniad bod ei lofruddiaethau yn cael eu darlledu yn y cyfryngau a bod yr heddlu yn chwilio amdano.

Roedd rhieni Kroll yn arfer lladd moch i'w coginio ar eu fferm reit o'i flaen. Gyda hyn, daeth y syniad i'w feddwl: beth am fwyta cnawd dynol? Dywedodd mai'r ail reswm am y llofruddiaethau oedd ei bod yn rhy ddrud i brynu bwyd lle'r oedd yn byw. Yr esboniad syml a roddodd ydoedd ei fod yn newynog ac mai cig tyner a chnawdol plant bychain oedd yr unig ymborth boddhaol — hyny hefyd, am ddim.

Gwnaeth gyfaddefiad manwl iawn i'r heddlu ei fod yn gweld cig plant ifanc yn flasus iawn ac roedd hefyd yn hawdd iawn i'w gael.

Roedd y llofruddiaeth gyntaf a gyflawnodd ym mis Ionawr 1955, tair wythnos ar ôl marwolaeth ei fam. Cafodd ei aflonyddu yn feddyliol gan farwolaeth ei fam. Denodd swynwr 19 oed, Irmgard Strehl, i ysgubor ger pentref Walstede ac addawodd roi anrheg werthfawr iddi.

Pan fynegodd Kroll ei awydd i gael rhyw gydag Irmgard, gwrthododd. Pan orfododd Kroll, gwrthwynebodd Irmgard. Roedd yn deall, cyn belled â'i bod hi'n fyw, na allai gael rhyw gyda hi. Yna fe drywanodd hi yn ei gwddf a'i thagu. Ar ôl ei marwolaeth, treisiodd ei chorff yn ddieflig ac yna ei dorri â chyllell hir, yn debyg iawn i'w rhieni a arferai ladd moch. Cafwyd hyd iddi bum niwrnod ar ôl iddi gael ei lladd.

Roedd dod o hyd i'r llofrudd mor anodd oherwydd bod Kroll wedi cyflawni ei droseddau mewn gwahanol ffyrdd a gwahanol leoedd. O ganlyniad i dagu, trywanu a brathu eu dioddefwyr, daeth yr heddlu o hyd i broffiliau o sawl dyn gwahanol, nad oedd yr un ohonynt yn cyd-fynd â disgrifiad Joachim Kroll.

Arferai Kroll fynd â'i ddioddefwyr i amrywiol leoedd tawel a diarffordd, ardaloedd coediog a anghyfannedd, gan dorri eu cyrff yn fedrus fel cigydd a thynnu eu cnawd allan. Erbyn 1966, roedd saith dioddefwr arall wedi'u canfod ers llofruddiaeth gyntaf Irmgard Strehl. Cafodd pob un ohonyn nhw eu tagu i farwolaeth, ac roedd darnau o gnawd ar goll o'u cyrff.

Bryd hynny, ni sylweddolodd yr heddlu fod Kroll nid yn unig yn anffurfio ei ddioddefwyr ond hefyd yn bwyta eu horganau.

Ym mis Rhagfyr 1966, tagodd Kroll Ilona Harke, 5 oed, mewn ffos yn Wuppertal. Ei threisio ac yna ei lladd trwy ei boddi yn y dŵr, gan ei fod eisiau gweld sut deimlad oedd boddi mewn dŵr.

Nodwyd Kroll fel lladdwr byrbwyll. Fe lofruddiodd a threisio Manuela Nodt 16 oed yn Essen a choginio a bwyta cnawd ei phen-ôl. Cafwyd sawl dyn diniwed hefyd yn euog o lofruddiaeth Kroll.

Ar 16 Mehefin, 1959, cafodd Clara Frida Tesmer, 24 oed, ei llofruddio mewn dôl ger Rheinhausen. Arestiwyd y mecanic lleol Heinrich Ott ar gyhuddiadau o lofruddiaeth. Ar gyhuddiadau annilys, cafodd ei garcharu. Crogodd ei hun yn y carchar.

Ar Ebrill 23, 1962, cafodd Petra Gies, 13 oed, ei threisio a'i thagu yn Dinslaken-Brückhausen. Cafodd Vincennes Kuen ei arestio a'i ddyfarnu'n euog o'i llofruddiaeth.

Cafodd Ursula Rohling, ugain oed, ei thagu yn y llwyni yn y coed. Cafwyd hyd iddi yn farw ddeuddydd yn ddiweddarach. Roedd hi'n noeth o dan y canol. Y noson honno, roedd hi wedi mynd i ymweld â'i chariad, ac roedd yn un a ddrwgdybir yn ei llofruddiaeth. Roedd ei chariad wedi cynhyrfu cymaint gan yr honiad hwn nes iddo gyflawni hunanladdiad trwy neidio i'r Brif Afon.

Ar 4 Mehefin, 1962, cafodd Monica Tafel ei herwgipio ar ei ffordd i'r ysgol yn Walsham. Lladdwyd Monica Tafel gan Kroll ar gyfer ei phryd nesaf. Defnyddiodd y cig o'i ffolennau, ei gluniau a'i fraich i wneud math o stecen. Cafodd Walter Quicker ei gyhuddo o lofruddio Monica Tafel. Wedi'i dristu gan wawdio a bychanu dinasyddion Walsham, fe'i crogodd ei hun yn y coed.

Ni rhuthrodd Kroll i ddod o hyd i'w ddioddefwyr, gan fod bwlch o 10 mlynedd rhwng llofruddiaethau Ilona Harke a Marion Ketter. Roedd Kroll yn arfer lladd ei ddioddefwyr mewn gwahanol ffyrdd mewn gwahanol ranbarthau o'r Almaen, gan ei gadw draw o lygaid yr heddlu. Nid oedd bob amser yn gwneud canibaliaeth ychwaith, felly byddai eraill yn gysylltiedig â'i drosedd.

Am bron i un mlynedd ar hugain, ni chafodd Joachim Kroll, dyn â salwch meddwl, ei sylwi wrth i'r heddlu chwilio am laddwyr deallus a chyfrwys. Roedd Kroll yn adnabyddus ledled y ddinas fel idiot.

Yn dilyn ei arestio, cyfaddefodd Joachim Kroll ar y dechrau i lofruddio Marion Ketter yn unig, ond tra'n gyfforddus yn ei gell carchar, fe gyfaddefodd yn ddiweddarach i lofruddiaethau eraill, a chafodd sawl un arall eu cyhuddo a'u collfarnu.

Cyfaddefodd Kroll heb edifeirwch na difaru fod ganddo salwch difrifol o ganibaliaeth. Yn ystod yr achos, roedd yn dymuno'n naïf am ei driniaeth i helpu i'w atal rhag cyflawni'r drosedd.

Cafodd ei gyhuddo o wyth cyhuddiad o lofruddiaeth ac un cyhuddiad o geisio llofruddio. Roedd llawer o'i droseddau yn ddegawdau oed ac yn anodd iawn eu darganfod. Parhaodd y treial am 151 o ddiwrnodau a daeth i ben ym mis Ebrill 1982. Ers i'r gosb eithaf gael ei diddymu yn y wlad, cafodd Kroll ei ddedfrydu i naw dedfryd oes yn olynol.

Bu farw Kroll yng Ngharchar Rhinebach ar 1 Gorffennaf, 1991, yn wyth ar hugain oed.

20. Gao Chengyong (Tsieina)

Roedd Gao Changyong yn arfer ysglyfaethu ar fenywod a merched ifanc wedi'u gwisgo mewn coch. Byddai'n erlid y merched i'w tŷ ac, ar ôl eu treisio ar ei ben ei hun, yn arfer eu lladd mewn modd creulon iawn. Roedd Cheng yn aml yn targedu merched yn eu 20au.

Yn 2004, ar ôl lladd menywod yn barhaus yn nhalaith Gansu Tsieina, cyhoeddodd yr heddlu wobr o ddwy filiwn yuan i'r person a arweiniodd y llofrudd a lansiodd lawdriniaeth enfawr i ddal y llofrudd cyfresol. Fodd bynnag, daliodd yr heddlu Changyong gyda chymorth DNA un o'i berthnasau. Roedd yr heddlu wedi arestio un o'i berthnasau am ryw drosedd arall, a phan gafodd ei brawf DNA ei wneud, roedd yn cyfateb i'r DNA a ddarganfuwyd yn lleoliad y llofruddiaethau parhaus yn Gansu. Ar ôl hynny, arestiodd yr heddlu Changyong. Ar ôl hyn, daeth Gao Changyong yn enwog fel "Jack the Ripper" Tsieina.

Cyflawnodd Gao Changyong 11 llofruddiaeth rhwng 1988 a 2004.

Merch Baiyin tair ar hugain oed oedd ei ddioddefwr cyntaf. Lladdodd Gao hi ym 1988 pan gafodd ei mab hynaf ei eni. Cafwyd hyd i chwech ar hugain o glwyfau ar gorff yr anffodus. Ers hynny, mae'r ddinas wedi bod mewn cyflwr cyson o banig.

Trwy'r amser hwn, bu'r heddlu'n chwilio'n aflwyddiannus am y troseddwr. Roedd gan y swyddogion gorfodi'r gyfraith bopeth - DNA, olion bysedd, samplau semen, printiau esgidiau. Fe wnaethant archwilio pob un o drigolion Baiying yn ofalus, ond yn ofer: roedd Gao Chengyong wedi'i gofrestru yn ei dref enedigol, Qincheng, 120 cilomedr o'r man lle cyflawnodd y llofruddiaethau, ac roedd bob amser yn osgoi ymchwiliad.

Cyflawnodd Gao Changyong weithredoedd o necroffilia ar o leiaf un o'i ddioddefwyr. Fe wnaeth hi dynnu'r organau atgenhedlu, torri dwylo sawl dioddefwr i ffwrdd, a thorri bronnau o leiaf un dioddefwr i ffwrdd.

Ganed Gao Chengyong ar 10 Tachwedd, 1964 yn Chengche Village, Qingcheng Town, Yuzhong County, yn Ninas Lanzhou, Gansu, Tsieina. Roedd ganddo bump o chwiorydd a dau frawd. Roedd ei dad yn bennaeth y teulu Gao, y teulu mwyaf llewyrchus ym mhentref Chenghe.

Astudiodd Gao Changyong yn yr ysgol tan y 12fed safon. Mae'n briod â Zhang. Roedd ganddo ddau o blant.

Digwyddodd yr ail lofruddiaeth ar brynhawn Gorffennaf yn 1994 pan dorrodd ysgubwr 19 oed ddyn oedd yn cerdded i mewn i ystafell gysgu Biwro Cyflenwad Pŵer Baiyin. Holltodd Gao ei gwddf a'i drywanu 36 o weithiau.

Bedair blynedd yn ddiweddarach, darganfuwyd trydydd dioddefwr 29 oed yn noeth gydag 16 o anafiadau; roedd rhannau o'i phenglog a'i chlustiau ar goll.

Dridiau'n ddiweddarach, lladdodd Gao eto, y tro hwn trwy dorri rhannau o fron a torso ei ddioddefwr.

Wrth ddychwelyd i ganolfan cyflenwad pŵer Baiyin ar 5 Gorffennaf, daeth Gao ar draws Miao Miao, 8 oed, a oedd yn aros am ei rhieni; treisiodd y ferch, ei thagu â gwregys lledr, ac yna tynnodd baned o de allan o fflasg a osodwyd ar fwrdd y gegin a'i yfed. Yn ddiweddarach, gofynnodd yr heddlu i Gao pan dreisio'r ferch 8 oed, Miao Miao, pa mor hen oedd ei fab ar y pryd. "Deg," atebodd.

Bedwar mis yn ddiweddarach, daethpwyd o hyd i weithiwr ffatri Cui Jinping gan ei mam mewn pwll o waed, a'i chorff wedi anffurfio'n ddrwg. Hon oedd pedwerydd llofruddiaeth Gao mewn blwyddyn, ac roedd y ddinas bellach mewn panig llwyr. Dechreuodd yr heddlu holi drws-i-ddrws, chwilio fflatiau, chwilio'n daer am dystion neu gliwiau.

Yn y cyfamser, ac efallai yn anfwriadol, roedd swyddogion yn eistedd i lawr i atal y dystiolaeth eu hunain - samplau DNA a gasglwyd o sawl trosedd. Ar y pryd, gyda dadansoddiad fforensig yn dal yn ei ddyddiau cynnar, roedd y gyllideb yn hynod o dynn. Yn wir, tan ganol y 1980au, nid oedd gan y rhan fwyaf o heddlu Tsieineaidd lifrau, gorsafoedd, ceir sgwad nac offer tactegol priodol.

Yng Ngogledd-ddwyrain Tsieina yng nghanol y 90au, roedd y galw am blismona llymach yn dal i fod yn llawer uwch na'r cyflenwad. Roedd aflonyddwch eang mewn llawer o leoedd. Yn absenoldeb nawdd cymdeithasol, mae llawer yn cyflawni mân droseddau i ddianc.

Erbyn 1994, yn ôl ffynhonnell yn y Swyddfa Diogelwch Cyhoeddus rhanbarthol, roedd "bron yn sicr nifer o laddwyr cyfresol" yn yr ardal yn ogystal â Gao. Roedd y gyfradd llofruddiaeth yn uchel iawn ar y pryd - yn sicr yn llawer uwch nag unrhyw ffigurau swyddogol—a gwnaeth llawer o bobl bethau ofnadwy.

Roedd Gao yn un o sawl lladdwr "anhrefnus" sydd bellach yn crwydro'r wlad. Roedd absenoldeb ymddangosiadol cymhelliad a dosbarthiad mympwyol ei droseddau yn drysu'r heddlu. Roedd difaterwch barnwrol a chyfyngiadau awdurdodaethol yn sicrhau nad oedd llawer o'r llofruddiaethau ar y pryd byth yn gysylltiedig. Er bod yr heddlu o leiaf yn gallu cysylltu llofruddiaethau Baiyin ag un a ddrwgdybir, parhaodd i'w hosgoi.

Ym mis Mai 2001, ymosododd Gao a lladd nyrs 28 oed, ei bedwerydd dioddefwr.

Lladdwyd Ms Zhu pump ar hugain oed ar Chwefror 9, 2002. Daethpwyd o hyd i'w chorff pydredig 10 diwrnod yn ddiweddarach, tynnwyd ei dillad, a holltodd ei gwddf ar ôl cael ei threisio. Felly, cyflawnodd 11 llofruddiaeth. "Roedd yn teimlo fel lladd rhywun," meddai wrth y cops yn ddiweddarach.

Ar ddiwedd y treial yn y llys, safodd Gao ar ei draed ac ymgrymodd i deuluoedd ei ddioddefwyr dair gwaith, yna cynigiodd yn rhyfedd i roi ei organau. Yn ystod y gwrandawiad llys, fe gyfaddefodd iddo anffurfio cyrff 11 o ferched ar ôl eu treisio a'u lladd. Fe'i cafwyd yn euog gan y llys a'i ddedfrydu i farwolaeth ar Ionawr 3, 2019, am ladrata a llofruddiaeth fwriadol.

21. Dr. Harold Shipman (DU)

Roedd Harold Shipman yn feddyg a bu'n ymarfer yn Llundain rhwng 1972 a 1998. Yn enw'r feddygfa, lladdodd gannoedd o gleifion, yr henoed a menywod yn bennaf. Gellir mesur trosedd Shipman o'r ffaith iddo gael ei adnabod hefyd fel 'Angel Marwolaeth' a 'Doctor Death'.

Ganed Harold Shipman ar Ionawr 14, 1946 yn Nottingham, Lloegr. Gelwir meddygon hefyd yn rhoddwyr bywyd, ond llychwynnodd Harold yr un proffesiwn. Gan fanteisio ar ei broffesiwn, lladdodd fwy na 250 o gleifion. Dechreuodd Harold Shipman ymarfer meddygaeth yn 1970, a'i ddioddefwr cyntaf oedd menyw 72 oed.

Roedd Harold yn arfer lladd pobl ac yn ddiweddarach yn mynychu angladd pawb. Roedd Harold yn arfer rhoi cyffuriau i ladd cleifion. Roedd yn arfer lladd cleifion trwy roi symiau mawr o opiwm iddynt. Nid oedd achos marwolaeth y cleifion o opiwm yn hysbys. Dywedir bod mam Harold wedi marw o ganser yr ysgyfaint. Synwyd Harold yn fawr gan farwolaeth ei fam, ac wedi hyny daeth yn llofrudd. Yn seiliedig ar ymholiad Harold, rhyddhaodd yr heddlu restr o gleifion a laddwyd gan Harold Shipman.

Bu farw Lizzie Adams, y wraig weddw 77 oed, ar Chwefror 28, 1997, yn ei chartref ar Coronation Avenue, Hyde, ar ôl cyfarfod â Shipman. Cafwyd Dr. Harold yn euog o lofruddiaeth yn Llys y Goron Preston ar Ionawr 31, 2000.

Rose Ann Adshead: Roedd y ddynes 80 oed hon o Lawton Street, Hyde, wedi dod i Dr. Harold's i gael meddyginiaeth i leddfu ei phoen canser. Awr ar ôl iddi gyrraedd, fe'i cafwyd yn farw yn ei chartref ar 18 Medi, 1988.

Daeth Dorothy Mary Andrew, gwraig weddw 85 oed o Sheffield Road, Godley, Hyde, i weld Dr. Harold i gael prawf diabetes. Bu farw ar ei ffordd adref ar 12 Medi, 1996, ar ôl pigiad marwol gan Shipman.

Ymwelodd Mary Emma, gwraig 86 oed, â Dr. Harold i gael triniaeth ar gyfer poen gwddf. Bu farw ar Ebrill 8, 1993, ar ôl pigiad meddyg yn ei chartref ar Stryd Mona yn Hyde.

Winifred Aerosmith: Arferai'r wraig hon ymweld â Dr. Harold yn rheolaidd. Bu farw'r wraig weddw 70 oed yn ei chartref yn Chartist House, Hyde, ar Ebrill 24, 1984.

Aeth y wraig weddw 71 oed hon o Meadowfield Court, Flower Field, Hyde, i glinig Dr. Harold i gael triniaeth am ddolur gwddf a chafodd ei chanfod yn farw yn ei chartref ar Fawrth 7, 1995.

Dora Elizabeth Ashton: Bu farw'r ddynes 87 oed hon o Mona Street, Hyde, ar 26 Medi, 1995, yn ystod llawdriniaeth gan Dr Harold.

Cafwyd hyd i Ada Ashworth, gweddw 87 oed o Spring Avenue, G. Cross, Hyde, yn farw yn ei chartref ar Dachwedd 27, 1984, ar ôl rhoi sampl gwaed i Dr Harold

Bu farw Brenda Ashworth, gwraig 63 oed o gompownd yr henoed yn Meadowfield Court yn Hyde, yn ei chartref ym mis Mehefin 1995. Daeth Dr. Harold Shipman i'w chartref i gael triniaeth ar gyfer haint ar y frest.

Galwodd Elizabeth Ashworth, gweddw 81 oed o Peel Street, Hyde, Dr. Harold ar Awst 26, 1981, i geisio triniaeth ar gyfer ei salwch tymhorol. Wedi ei ymadawiad, bu hi farw yn ei gartref.

Bu farw Sarah Ashworth, gweddw 75 oed o Boulcree Road, Hyde, yn ei chartref ar Ebrill 17, 1993, yn dilyn dyfodiad Dr Harold.

Bu farw Elizabeth Mary Badgley, gweddw 83 oed Rowan Court, Stockport Road, G. Cross, yn ei chartref ar Dachwedd 21, 1997, yn dilyn triniaeth gan Dr. Harold.

Mae Dr Harold yn galw troellwr cotwm 84 oed wedi ymddeol o Huff Lane, Hyde, i'w glinig i gymryd sampl gwaed. Bu farw yn ei chartref ar Ebrill 15, 1984.

Llithrodd dynes 89 oed o Ashton Road, Hyde, a syrthio. Lily Bardsley: Cyfarfu â Dr. Harold i gael triniaeth am ei phoen. Cafwyd hyd iddi yn farw yn ei chartref ar 7 Mawrth, 1995.

Nelly Bardsley: Bu farw gweddw 69 oed Rumford Avenue, Hyde, yn ei chartref ym mhresenoldeb Shipman ar 29 Rhagfyr, 1987, pan alwodd Dr. Harold i gael triniaeth gyffredinol.

Elsie Barker-Dr. Galwyd Harold i mewn i drin y wraig weddw 84 oed o Green Street, Hyde. Cafwyd hyd iddi yn farw yn ei chartref ar 29 Gorffennaf, 1996.

Bu farw Charles Henry Barlow, cwnstabl heddlu 88 oed wedi ymddeol o Heol Dawson, Hyde, yn ei gartref ar Dachwedd 22, 1995, munudau ar ôl ymweliad Dr Harold.

Bu farw Elizabeth Battersby, gweddw 69 oed Norbury Avenue, Hyde, yn ei chartref ar 8 Rhagfyr, 1997, yn dilyn ymweliad gan Dr Harold.

Bu farw Ethel Bennett, troellwr 80 oed o Cunliffe Street, Hyde, yn ei chartref ar 19 Rhagfyr, 1988, ar ôl cael ei thrin gan Dr Harold.

Bu farw'r ddynes 86 oed hon o Gorse Hall Road, Dukinfield, yn ei chartref ar 26 Mehefin, 1996, yn dilyn ymweliad gan Dr. Harold.

Bu farw Charlotte Bennison, gweddw 89 oed o Robotham Street, G. Cross, a chyn-beiriannydd gwnïo, yn ei chartref ar Ionawr 27, 1997, yn dilyn ymweliad gan Dr Harold.

Bu farw Arthur Bent, y gŵr gweddw 90 oed o Meadowfield Court, Hyde, ar Fai 22, 1995, yn ei gartref ar ôl triniaeth gan Dr. Harold.

Cafwyd hyd i Irene Berry, dynes 74 oed o Rufford Avenue, Hyde, yn farw yn ei chartref ar Chwefror 15, 1998, ar ôl dychwelyd o driniaeth gyda Dr Harold.

Bu farw Violet May Bird, gwraig briod 60 oed o Harehills Road, Hattersley, Hyde, ar Fai 13, 1993, yn ei chartref yn ystod ymweliad gan Dr Harold.

Alice Black: Bu farw'r fenyw hon ar 18 Rhagfyr, 1997, ar ôl cael ei thrin gan Dr Harold.

Bu farw Geoffrey Bogle, ffotograffydd 72 oed wedi ymddeol o Lord Derby Road, Hyde, ar 14 Medi, 1995, yn ei gartref ar ôl derbyn triniaeth i'w glustiau gan Dr. Harold.

Bu farw Edith Brady, gweddw 72 oed o Bearswood Close, Hyde, ar Fai 13, 1996, yn Market Street, Hyde, yn ystod llawdriniaeth am ddiffyg anadl.

Bu farw Harold Bramwell, dyn 73 oed o Bryce Street, Hyde gyda phroblemau'r galon, yn ei gartref ar 7 Rhagfyr, 1978, pan oedd Dr Harold Shipman ar ei ben ei hun gydag ef.

Bu farw Vera Bramwell, troellwr 79 oed o Rufford Avenue, Hyde, yn ei chartref ar 20 Rhagfyr, 1985, ym mhresenoldeb Dr Harold.

Nancy Anne Brassington: Bu farw'r ddynes 71 oed hon o Laburnum Avenue, Hyde, yn ei chartref ar 14 Medi, 1987, o fewn munudau i ymweliad Dr Harold.

Bu farw Doris Bridge, gweddw Gower Road, Hyde, 83 oed, yn ei chartref ar Fawrth 26, 1984, yn dilyn triniaeth gan Dr. Harold.

Bu farw dynes 75 oed o Welbeck Road, Hyde, Rhagfyr 16, 1986, yn ei chartref ar ôl cael triniaeth gan Dr. Harold.

Bu farw gweddw Carter Place, Hyde, 74 oed, yn ei fflat ar 8 Tachwedd, 1995, yn fuan ar ôl i Dr. Harold gael ei alw i mewn am driniaeth ar gyfer salwch cyffredin.

Bu farw Charles Edward Brocklehurst, dyn priod 90 oed o Park Avenue, Hyde, ar 31 Rhagfyr, 1993, yn ei gartref, yn fuan ar ôl i Dr Harold dderbyn pigiadau ar gyfer iechyd y galon.

Bu farw Vera Brocklehurst, gweddw 70 oed Dukinfield, Queensway, yn ei chartref ar Fawrth 31, 1995, yn dilyn triniaeth gan Dr. Harold.

Bu farw Irene Broder, gweddw 76 oed o St. John's Drive, Godley, Hyde, yn ei chartref ar Ionawr 20, 1997, lai na 45 munud ar ôl ymweliad Dr Harold.

Bu farw May Brooks, gweddw 74 oed o Cross Street, Hyde, yn ei chartref ar Chwefror 1, 1985, pan gyrhaeddodd Dr. Harold i wirio ei cryd cymalau.

Bu farw Elizabeth Mary Burke, gweddw 82 oed o Carter Place, Hyde, ar 26 Medi, 1989, yng nghartref Dr. Harold yn ystod ymweliad.

Cafwyd hyd i Edith Calverley, gweddw 77 oed o Mansfield Road, Hyde, yn farw yn ei byngalo diogel ar Awst 16, 1993, yn dilyn ymweliad gan Dr. Harold.

Annie Campbell: Cafwyd hyd i'r ddynes 88 oed hon o Riddle Avenue, Hyde, yn farw yn ei chartref ar 20 Rhagfyr, 1978, yn ystod ymweliad gan Dr Harold.

Bu farw Marion Carradis, gweddw 80-mlwydd-oed o Kensington Street, Hyde, ar Awst 14, 1989, yn ei chartref ar ôl cael triniaeth am bendro gan Dr. Harold.

Harold ddau ymweliad y diwrnod hwnnw â gweddw 74 oed Irene Chapman yn Clarendon Road, Hyde, i gael triniaeth gyffredinol. Bu farw yn ei gartref ar 7 Mawrth, 1998, yn fuan ar ôl yr ail ymweliad.

Wilfred Chappelle Roedd Mr. Chappelle yn teimlo'n sâl. Galwyd Dr. Harold i mewn am driniaeth. Bu farw'r gŵr gweddw 80 oed o Heol Newton Hall, Hyde, ar Ionawr 31, 1989, o fewn awr i ymweliad Dr. Harold.

Bu farw'r preswylydd 81 oed hwn o Ogden Court, Hyde, yn ei gartref ar Hydref 16, 1989, yn dilyn ymweliad gan Dr. Harold.

Bu farw Albert Cheetham, gŵr gweddw 85 oed o Brooks Avenue, Hyde, ar Ebrill 1, 1987, gartref yn ystod ymweliad gan Dr Harold.

Bu farw Elsie Cheatham, gweddw 76 oed o Garden Street, Newton Hyde, o drawiad ar y galon yn ei chartref ar Ebrill 25, 1997, tra roedd Dr Harold hefyd yn bresennol yno. Bu farw ei gŵr, Thomas Cheetham, 78, gweithiwr tecstilau wedi ymddeol, hefyd yn ei gartref ar Ragfyr 4, 1996, yn ystod ymweliad gan Dr Harold.

Bu farw Fannie Clark, gweddw 82 oed o Darwin Street, Newton, ar Fai 18, 1996, yng nghartref Dr Harold yn ystod ymweliad.

Beatrice Helen Cleary: Bu farw'r troellwr 78 oed o Heol y Brenin Edward, G Cross, Hyde, yn ei chartref ar 12 Mai, 1989, yn fuan ar ôl ymweliad Dr. Harold.

Bu farw'r ddynes 77 oed hon o Gartref Preswyl Charley House yn ei chartref ar Fawrth 12, 1987, ar ôl cael ei thrin gan Dr. Harold.

Margaret Ann Conway: Bu farw gwraig weddw 69 oed o Mary Street, Dukinfield, tra'n cael triniaeth am haint ar y frest gan Dr. Harold, yn ei chartref ar Chwefror 15, 1985, ym mhresenoldeb Dr. Harold.

Bu farw Ann Cooper, y troellwr 93 oed o Old Road, Hyde, ar Chwefror 15, 1988, yng nghartref Dr. Harold ar ôl ymweliad.

Bu farw Erla Copeland, gweddw 79 oed o Grosvenor Crescent, Hyde, yn ei chartref ar Ionawr 11, 1996, o fewn 45 munud i Dr. Harold gymryd sampl gwaed.

Bu farw Annie Coulthard, dynes 75 oed o Ochr Ddeheuol Hyde, yn ei chartref ar 8 Medi, 1981, o fewn awr i gael pigiad gan Dr Harold.

Bu farw Mary Coutts, Marler Road, Hyde, yn ei chartref ar Ebrill 21, 1997, pan oedd ar ei phen ei hun gyda Dr Harold o dwymyn.

Cafwyd hyd i Hilda Marie Couzens, gweddw 92 oed o Knott Lane, Hyde, yn farw yn ei chartref ar Chwefror 24, 1993, yn dilyn ymweliad gan Dr Harold.

Eileen Theresa Cox: Bu farw gweddw 72 oed Hunters Court, Dukinfield, yn ei chartref ar Ragfyr 24, 1984, yn fuan ar ôl dyfodiad Dr Harold.

Bu farw gweddw Charley House, Heol Albert, Hyde, 75 oed, yn ei chartref ar Ionawr 2, 1997, o fewn 30 eiliad i chwistrelliad gan Dr Harold.

Bu farw Frank Crompton, y gŵr gweddw 86 oed o Notch Lane, Hyde, o chwistrelliad marwol Dr Harold yn ystod ymweliad diwahoddiad rhwng Mawrth 24 a Mawrth 26, 1995.

Bu farw John Crompton, gŵr gweddw 82 oed o Gloucester Road, G Cross, Hyde, ar Fawrth 21, 1995, yng nghartref Dr. Harold yn fuan ar ôl ei ymweliad.

Bu farw Lily Crossley, gweddw 73 oed o Longfield Way, Todmorden, yn ei chartref ar Ionawr 21, 1975, yn fuan ar ôl ymweliad Dr. Harold.

Cafwyd hyd i Lillian Cullen, gweddw 77 oed Foxholes Road, Hyde, yn farw yn ei chartref ar 30 Mai, 1996, yn dilyn ymweliad gan Dr Harold.

Bu farw Valerie Cuthbert, gweddw 54 oed Daisy Banks, G. Cross, Hyde, yn ei chartref ar Fai 29, 1996, yn fuan ar ôl ymweliad Dr. Harold am driniaeth bynion.

Bu farw dynes 68 oed o Cheetham Fold Road, Hyde, yn ei chartref ar Awst 4, 1979, awr ar ôl ymweliad Dr. Harold a chwistrelliad.

Bu farw Joel Edwina Dean-Joel Lane, gweddw 75 oed G. Cross, Hyde, yn ei chartref ar Chwefror 27, 1998.

Yn yr un modd, Angela Philomena Tierney, Amy Whitehead, ac Emily Morgan Edith Wiberley, Edith Roberts, Edith Scott, Enid Otter, Alice Kennedy, Alice Marie Jones, Alice Christine Kitchen, Elizabeth Ann Rogers, Elizabeth Ellen Mailer, Elizabeth Fletcher, Elizabeth Sigley, Elizabeth Pearce, Edwin Foulkes, Ada Hilton, Ada Warburton, Edna May Llewellyn, Alice Prestwich, Muriel Margaret Ward, Muriel Grimshaw, Mabel Shawcross, MaryEmma Hammer, Mary Alice Smith Peter Lewis, Pamela Hillier, Percy Ward, Robert Hixon, Robert Henry Lingard, Ronnie Davenport, Rose Garlick, Renee Lacey, Renette Aldtraud Overton, Sarah Hannah Marsland, Sarah Jane Williamson, Samuel Mills, Samuel Harrison, Selina Mackenzie, Doris Earles, Dorothea Hill Renwick, Dorothy Fletcher, Dorothy Rowworth, Dorothy Tucker, Dorothy Long, Deborah Middleton , David Harrison, David Jones, Violet Hadfield, Walter Tingle, Walter Mansfield, Vera Whittingslow, Charles McConnell, Charles Henry Killeen, Fanny Nichols, George Edgar Visor Josephine Hall, Joseph Vincent Everall, Joseph Wilcoxon, Joseph Leigh, Joseph Evanina, Joan May Melia, Joan Harding, Jack Shelmerdine, James Joseph King, Jane Rowland, Jane Shelmardine, Jane Jones, Jenfrances Rostron, Nora Nuttall, Nancy Jackson, Nelly Mullen, Tom Balfour Russell, Irene Heathcote, Irene Turner, Ivy Lomas, Arthur Henderson Stopford, Gladys Robert, nid trwy driniaeth na thrwy driniaeth.

Datgelwyd trosedd Dr Harold ar ôl marwolaeth dynes 81 oed ar 24 Mehefin, 1998. Fodd bynnag, dim ond 15 o lofruddiaethau yn erbyn Harold oedd gan yr heddlu, felly cafodd ei ddedfrydu i garchar am oes yn y flwyddyn 2000. Ond fe gyflawnodd Harold hunanladdiad trwy grogi ei hun yn y carchar ar Ionawr 13, 2004, hy, ar ei ben-blwydd yn 58 oed.

Roedd Harold eisoes wedi cynllunio ei hunanladdiad bythefnos ynghynt pan ddaeth ei wraig i ymweld ag ef yn y carchar. Dywedir bod Harold wedi cyflawni hunanladdiad fel y byddai ei wraig, Primers, yn derbyn £100,000 o'i phensiwn.

22. Albert Fish (Unol Daleithiau)

Er ei bod yn ymddangos bod bwyta bodau dynol trwy eu lladd yn rhywbeth o'r gorffennol, mae rhai achosion o'r fath yn dod i sylw'r wlad a'r byd o hyd, ac mae'n ymddangos bod bodau dynol canibalaidd yn dal i fodoli ohonynt.

Mae'r stori hon yn sôn am un dyn canibalaidd creulon o'r fath, Albert Fish, a gafodd bleser arbennig wrth arteithio plant. Roedd treisio plant a bwyta eu cnawd yn un o'i harferion. Roedd Fish yn berson â her feddyliol.

Roedd Albert Fish hefyd yn cael ei adnabod fel y Dyn Llwyd, y Werewolf of Wisteria, a'r Brooklyn Vampire. Cafodd ei gyhuddo o molestu dros 100 o blant. Er hyn, cyfaddefodd iddo gyflawni tair llofruddiaeth yn unig.

Mae gan Albert hanes hir o salwch meddwl. Gadawodd ei rieni ef yn ifanc, a thyfodd i fyny mewn cartref plant amddifad. "Bues i'n byw yno am tua naw mlynedd a gwelais fechgyn yn gwneud llawer o bethau na ddylen nhw fod wedi'u gwneud," meddai Fish pan ofynnwyd iddo am y cartref plant amddifad.

Roedd Hamilton Howard "Albert" Fish yn cael ei adnabod fel un o'r pedoffiliaid mwyaf peryglus, lladdwyr plant cyfresol, a chanibaliaid erioed. Roedd Fish yn ddyn bach, tyner ei olwg a oedd yn ymddangos yn ddibynadwy ac yn braf. Ond roedd y cythraul y tu mewn iddo mor wyrdroëdig a chreulon fel bod ei droseddau yn ymddangos yn anghredadwy.

Ganed Hamilton Howard Fish yn Washington, ar Fai 19, 1870, i Randall ac Ellen Fish. Mae gan ei hynafiaid hanes hir o salwch meddwl yn eu teulu. Roedd gan ei ewythr salwch maniaidd, a chafodd ei frawd drawiadau o wallgofrwydd. Cafodd ei chwaer ddiagnosis o "boen meddwl." Roedd gan ei fam rithweledigaethau gweledol. Canfuwyd bod tri pherthynas arall yn dioddef o afiechydon meddwl.

Yn ol Fish, yn y flwyddyn 1890, dechreuodd droseddau yn erbyn plant yn New York. Am yr arian, bu'n gweithio fel putain gwrywaidd. Denodd y plant o'u cartrefi, eu harteithio mewn sawl ffordd, ac yna eu treisio. Wrth i amser fynd heibio, tyfodd ei ffantasïau rhywiol gyda phlant yn fwyfwy treisgar a rhyfedd, yn aml yn dod i ben yn eu llofruddiaeth a'u canibaliaeth.

Er bod Fish wedi cyflawni sawl trosedd rhyw erbyn hynny, cafodd ei garcharu unwaith am ladrad. Hyd yn oed pan gafodd ei garcharu, roedd yn rhyngweithio'n gorfforol yn rheolaidd â'r troseddwyr. Bu Fish yn gweithio fel peintiwr tai cyn mynd i'r carchar yn 1889 ac yn y diwedd cyfaddefodd iddo dreisio o leiaf 100 o ddynion ifanc dan chwech oed. Er ei fod yn hoffi dynion yn fwy, aeth hefyd i buteindai a gofyn i buteiniaid ei guro.

Priododd yn y flwyddyn 1898 a daeth yn dad i chwech o blant. Bu'r plant yn byw bywyd cyffredin tan 1917 pan esgynodd gwraig Fish gyda dyn arall. Wedi hyn, cynyddodd ffyrnigrwydd y pysgod ymhellach. Dechreuodd ysglyfaethu ar blant Americanaidd Affricanaidd yn fwy na phlant Cawcasws. Roedd yn ffyddiog y byddai'r heddlu'n treulio llai o amser yn chwilio am laddwyr y plant hyn.

Pan gyfarfu Albert Fish ag Edward Budd, 18 oed, ym mis Mai 1928, yn chwilio am waith rhan amser, rhoddodd sicrwydd iddo o swydd. Roedd Albert Fish wedi dod o hyd i'w ddioddefwr newydd. Yn y cyfamser, disgynnodd llygaid Fish ar ei chwaer iau, Gracie Budd, a oedd ond yn 10 oed.

Yn y cyfamser, enillodd Albert ffydd aelodau teulu Edward Budd gyda'i ymarweddiad tyner a chwrtais a gwnaeth ffrindiau gyda nhw hefyd.

Un noson, gofynnodd am ganiatâd ei rieni i fynd â Gracie i barti pen-blwydd ei nith. Gyda dyn hŷn, yn ddiamau, roedd yn fodlon ei ganiatáu.

Yn gyffrous i adael am y parti, gwisgodd Gracie ddillad newydd a gadael gyda hi. Ers y diwrnod hwnnw, nid yw Gracie erioed wedi dychwelyd adref. Nid oes neb wedi ei gweld yn fyw. Ni allai neb byth wybod beth ddigwyddodd iddi.

Fe wnaeth yr ymchwiliad i ddiflaniad Grace bara chwe blynedd. Ar Dachwedd 11, 1934, derbyniodd rhieni Gracie lythyr dienw, a fyddai'n gwneud i unrhyw berson arferol grynu ar ôl ei ddarllen. Ysgrifenwyd y llythyr hwnnw gan Albert ei hun, yn yr hwn yr oedd yn darlunio y creulondeb a wnaed i Gracie.

Ysgrifenwyd ynddo, " Yn y flwyddyn 1894, aeth cyfaill i mi, John Davis, â mi unwaith i Hong Kong. Yno y gwelodd beth newydd. Cafwyd yno bob math o gnawd dynol. Yr oedd yn brofiad newydd iddo." i weld marchnad mor agored i gnawd dynol.

Dywedodd ei gyfaill John Davis wrtho, pan welodd y farchnad agored o gnawd dynol yma, ei fod am ei brofi yr un ffordd. Ar gyfer hyn, gwnaeth gynllun, ac wedi dychwelyd i Efrog Newydd, daeth â dau fachgen gydag ef, a oedd yn 7 ac 11 oed, yn y drefn honno.

I flasu eu cnawd, tynnodd yn gyntaf eu holl ddillad a'u gwneud yn noeth. Fel y gwelodd yn Hong Kong, roedd yn arfer curo ac arteithio'r ddau fachgen yn ddyddiol fel bod eu cig yn blasu'n well. Hefyd, byddai hyn yn cadw eu cig yn ysgafn.

Nawr ei dro ef oedd hela, felly yn gyntaf oll, dewisodd fachgen 11 oed oherwydd bod ei gluniau'n fawr iawn; byddai wedi gwneud mwy o gig. Wedi hynny, lladdodd y bachgen bach hefyd a blasu ei gnawd.

Pan adroddodd John Davis y digwyddiad hwn i mi, cefais innau hefyd fy nhemtio i fwyta cnawd dynol. Yn y cyfamser, gwelais Gracie a theimlais fod fy mreuddwyd ar fin dod yn wir. Ar gyfer hyn, fe wnes i gynllun gwych.

Yn unol â'r cynllun, fe wnes i ddweud celwydd wrthych chi fod gan fy nith barti pen-blwydd ac rydw i eisiau mynd â Gracie iddo. Y diwrnod hwnnw, cymerais Gracie i dŷ diarffordd, lle gwnes iddi eistedd mewn ystafell arall, tynnu fy holl ddillad, a galw hi yn noeth i fy ystafell.

Pan welodd hi fi'n noeth, rhedodd i ffwrdd, gan grio. Yna daliais hi a'i gwneud hi'n noeth hefyd. Wedi ceisio am amser maith, daeth hi dan fy rheolaeth, a chysgais hi i farwolaeth trwy ei thagu.

Yna, ar ôl hynny, fe wnes i dorri ei chorff yn ddarnau bach a'u coginio a'u bwyta. Mwynheais yn fawr iawn a'i fwyta ar ôl ei flasu am 9 diwrnod. Er na ches i erioed gyfathrach â hi.

Gellir meddwl, ar ôl darllen llythyr o'r fath, beth fydd cyflwr unrhyw riant? Aeth y rhieni oedd yn crynu at yr heddlu gyda'r llythyr hwnnw, ac yna fe ddechreuodd yr heddlu ymchwiliad.

Wrth olrhain y llythyr, cyrhaeddodd yr heddlu o'r diwedd y fflophouse lle'r oedd Fish yn aros. Mae pysgod yn cael ei arestio ac yn cyfaddef ar unwaith i ladd Grace a'r plant eraill. Eglurodd Fish yr artaith a'r llofruddiaethau gyda gwên.

Ar Fawrth 11, 1935, dechreuodd prawf Fish, a phlediodd am ei ryddhau trwy honni ei fod yn wallgof. Dywedodd fod lleisiau yn ei ben yn dweud wrtho am ladd plant a chyflawni troseddau erchyll eraill.

Dywedodd sawl seiciatrydd fod Fish yn wallgof; cafodd y rheithgor ef yn gall ac yn euog ar ôl achos llys 10 diwrnod, ac ar Ionawr 16, 1936, dedfrydwyd Albert i farwolaeth gan gerrynt trydan.

23. Robert John Maudsley (DU)

Dyma stori troseddwr ofnus sydd, byth ers iddo fynd y tu ôl i fariau, wedi cael ei gloi mewn cell bocs gwydr wedi'i adeiladu i'r ddaear. Mae gweinyddiaeth y carchar wedi dweud mai dim ond ei gorff marw fydd yn dod allan o'r carchar nawr.

Cymaint felly nes iddo fwyta ymennydd un o'i ddioddefwyr. Cyflawnodd Maudsley y rhan fwyaf o'r llofruddiaethau y tu mewn i'r carchar. Roedd mor ddieflig nes iddo chwarae'n ddall â'r gyfraith.

Lladdwr cyfresol o Loegr oedd Robert John Maudsley. Lladdodd Maudsley bedwar o bobl, tri ohonynt yn y carchar tra'n bwrw dedfryd oes am lofruddiaeth. Dywedodd ychydig o adroddiadau iddo fwyta rhan o ymennydd un o'r rhai a laddwyd yn y carchar, gan ennill iddo'r moniker "Hannibal the Cannibal" ymhlith y wasg Brydeinig a "The Brain Eater" ymhlith gwahanol garcharorion.

Dechreuodd Maudsley weithio fel gweithiwr rhyw ar ddiwedd y 1960au. Roedd yn gaeth i gyffuriau, ac roedd angen arian arno. Roedd seicosis o'i amgylch. Dangosodd hefyd lawer o feddygon. Dywedodd ei fod yn arfer clywed lleisiau yn dweud wrtho am ladd ei rieni. Yn ystod ei gaethiwed i gyffuriau y cyflawnodd y llofruddiaeth gyntaf.

Dagodd Maudsley John Farrell i farwolaeth ym 1974 yn Wood Green, Llundain. Honnodd fod Farrell wedi dangos rhai lluniau iddo lle'r oedd yn cam-drin plant yn rhywiol. Ar ôl y llofruddiaeth, fe drosglwyddodd ei hun i'r heddlu. Dywedodd wrth yr heddlu ei fod yn seicopath. Anfonodd y llys ef i Ysbyty Broadmoor, gan ei ystyried yn seicopath. Yno, ei gyd-chwaraewr oedd David Cheeseman. Mae David a Maudsley yn cloi carcharor arall o'r enw David Francis yn eu cell. Arhosodd y gell dan glo o'r tu mewn am naw awr. Ceisiodd yr heddlu eu gorau i agor y gell. Yn ystod hyn, arteithiodd Francis nes ei roi i farwolaeth. Roedd Francis yn y carchar am gam-drin plant yn rhywiol. Roedd y llofruddiaeth mor erchyll nes i'r llys ei ddedfrydu i garchar am oes. Rhoddwyd cyfarwyddyd iddo hefyd na fyddai'n mynd allan o'r carchar ar barôl nac mewn unrhyw ffordd arall.

Ym 1978, dienyddiodd Maudsley ddau garcharor arall yng Ngharchar Wakefield. Dau lofruddiaeth mewn un diwrnod, hefyd, yn y carchar. Galwodd ddyn o'r enw Shalini Norwood, oedd yn bwrw dedfryd am lofruddio ei wraig, i'w gell. Yno cafodd ei dagu gyntaf, yna torrwyd ei ben â chyllell. Wedi hynny, daeth o hyd i ddioddefwr arall. Yn "The Wing," mae'n llofruddio Bill Roberts yn greulon. Ar ôl cyflawni'r ddau lofruddiaeth, trodd o gwmpas ac estyn allan at y gwarchodwr, gan ddweud wrtho y byddai'n cael dau yn llai o garcharorion yn y cyfrif gyda'r hwyr.

Ym 1983, o ystyried y llofruddiaethau, roedd yn cael ei ystyried yn rhy beryglus i gell carchar arferol. Oherwydd hanes trosedd Maudsley, roedd o leiaf pedwar swyddog carchar wedi'u lleoli y tu allan i'w gell i gadw llygad arno. Adeiladodd awdurdodau carchar uned dwy gell yn seler Carchar Wakefield. Mae'n gell ychydig yn fwy, gyda chyfartaledd o tua 5.5 wrth 4.5 metr (18 wrth 15 troedfedd). Mae ganddo ffenestri mawr gwrth-bwledi y gellir ei weld. Dim ond un bwrdd ac un gadair sydd yn ei gell, y ddau wedi eu gwneud o gardbord cywasgedig. Mae'r toiled a'r basn ynghlwm wrth y llawr, tra bod slab concrit ar gyfer y gwely. Mae mynedfa ddur cryf yn agor i mewn i ychydig o gae y tu mewn i'r gell, wedi'i amgylchynu â byrddau acrylig trwchus, syml. O dan hynny, y mae ychydig o agoriad o ba le y mae y swyddogion yn rhoddi ymborth a gwahanol bethau iddo.

Daw Maudsley allan o'i gell bob dydd am awr. Mae chwe swyddog carchar wedi'u lleoli o'i gwmpas yn ystod y cyfnod hwn. Ni chaniateir iddo gael cyswllt ag unrhyw un arall sy'n cael ei gadw. Ar hyn o bryd, mae Maudsley tua 69 oed. Gan wrthod pob un o apeliadau Robert Maudsley, mae'n cael ei gyfarwyddo i aros yn ei gell gwydr tanddaearol tan ei anadl olaf.

Roedd Robert Maudsley yn un o 12 o blant ei rieni. Fe'i ganed ar 26 Mehefin, 1953 yn Speake, Lerpwl. Treuliodd Maudsley ei flynyddoedd ffurfiannol mewn cartref plant amddifad Catholig yn Crosby. Pan oedd yn wyth mlwydd oed, daeth ei rieni ag ef yn ôl o'r cartref plant amddifad. Dywed Maudsley iddo gael ei gam-drin yn gorfforol ddydd a nos. Erbyn i'r gwasanaeth diogelwch ddod i wybod amdano, roedd wedi'i chwalu o'r tu mewn. Honnodd ei fod hefyd yn cael ei gam-drin yn rhywiol fel plentyn a bod y clwyfau yn dal yn ei galon a'i feddwl. Dywed seicolegwyr fod llofruddiaethau Robert yn adlewyrchu'r un peth.

24. Mikhail Popkov (Rwsia)

Gelwir Mikhail Popkov yn llofrudd cyfresol gwaethaf Rwsia. Nid yw'n ddim llai na gwatwarwr. Mae'r enaid yn crynu wrth glywed ei enw. Y dihiryn hwn oedd yn gyfrifol am farwolaethau mwy na dau gant o fenywod. Mikhail Popkov yw'r troseddwr Rwsiaidd cyntaf i gyflawni dedfryd oes ddwbl.

Mae Popkov wedi sefyll ei brawf ddwywaith am dreisio a llofruddio merched rhwng 18 a 50 oed. Lladdodd Popkov y rhan fwyaf o'r merched rhwng 1992 a 2010. Lladdodd y llofrudd cyfresol drwg hwn lawer o ferched diniwed yn ddidrugaredd iawn. Roedd Mikhail yn arfer poenydio merched am oriau cyn eu lladd ag arfau fel bwyell, morthwylion, a chyllell finiog.

Cyfaddefodd y llofrudd sinigaidd 57 oed hyd yn oed iddo ladd dynes mewn fideo arswydus a gododd o Karl Marx Street. Yn y fideo hwn, mae'n dangos y man yn y goedwig lle lladdodd y ddynes ar ôl ei threisio. Dywedodd Popkov iddo orfodi'r ddynes i gael rhyw y bu'r ddau yn ymladd drosto a lladdodd y ddynes mewn dicter.

Roedd Mikhail Popkov yn arfer gweithio i'r heddlu ac yn arfer gwneud i ferched hardd eistedd yn ei gar ar yr esgus o roi lifft. Gan ei bod yn gar heddlu ac yn blismon, ni wrthododd y ddynes. Ar y dechrau, roedd Mikhail yn arfer bod yn gyfeillgar trwy siarad yn felys, ond cyn gynted ag y dechreuodd y merched siarad ag ef ychydig, byddai'n mynd â nhw i'w dŷ gwag.

Yn ystod gwrandawiad ei achos, fe gyfaddefodd ei fod yn arfer mynd â'r merched hynny i'w dŷ, eu treisio, a'u lladd. Pan ofynnodd y llys i Mikhail y rheswm dros eu lladd, dywedodd, "Rwyf wedi clirio'r baw o'r ddinas." Mae'r merched hyn wedi cael eu cosbi am eu hymddygiad anfoesol, ac nid oes gennyf unrhyw edifeirwch.

Roedd yr heddlu hefyd wedi gweld cyrff y merched hynny, ac yna fe wnaethon nhw enwi'r Michael euog yn "werlys". Blaidd ar ffurf bodau dynol yw "blaidd-ddyn". Parhaodd y llofrudd cyfresol 57-mlwydd-oed hwn i gyflawni digwyddiadau o'r fath yn ei dref enedigol, Angarsk am bron i ddau ddegawd. Ni sylwodd neb arno hyd yn oed. Gan ei fod yn blismon, doedd neb hyd yn oed yn ei amau. Am y tro cyntaf yn y flwyddyn 2015, cymerodd yr heddlu y llofrudd cyfresol hwn i'r ddalfa.

Cafodd ei ddedfrydu i oes yn y carchar am lofruddio dwy ar hugain o ferched gan y llys. Roedd y gosb hon am y drosedd a gyflawnodd rhwng 1992 a 2010. Yn ddiweddarach, canfuwyd bod y llofrudd hwn mor glyfar, ar ôl lladd y merched, roedd yn arfer taflu cyrff y meirw i'r coedwigoedd. Yn ddiweddarach, byddai'n dod i ymchwilio. Felly roedd yn arfer cuddio'r mater yn ei ffordd. Roedd hefyd wedi lladd dyn a phlismon.

Daeth Mikhail Popkov o dan ddalfa'r heddlu ar 23 Mehefin, 2012, mewn ffordd ddramatig iawn. Roedd ei ddioddefwyr yn buteiniaid neu'n forynion meddw, yr oedd Popkov yn eu hystyried yn anfoesol. Roedd yn arfer anffurfio cyrff y meirw yn wael gydag offer fel cyllyll, bwyeill, ystlumod pêl fas, a sgriwdreifers. Roedd heddlu Rwsia yn gyflym yn chwilio am y troseddwr hwn. Er gwaethaf holi a thystiolaeth helaeth gan ddioddefwyr sydd wedi goroesi, llwyddodd Popkov i osgoi'r heddlu am ddau ddegawd.

Nododd yr heddlu ddynes fel y llofrudd o farciau teiars ei gar ger ei chorff. Yn ddiweddarach, gwnaed ei brawf DNA. Datgelodd prawf DNA mai ef oedd llofrudd y ddynes honno. Unwaith iddo gael ei ddal gan yr heddlu, fe ddatgelodd holl gyfrinachau ei droseddau fesul un.

Dywedir bod Mikhail Popkov yn amau bod ei wraig yn cael perthynas anfoesol â rhyw ddyn arall. Oherwydd hyn, aeth i fyd y math hwn o drosedd.

Cyfaddefodd y llofrudd cyfresol hwn iddo ladd 84 o ferched, nid un neu ddwy. Gwnaeth y lladdiadau hyn gyda chymorth morthwylion a sgriwdreifers. Gwrthododd roi cyfanswm y dioddefwyr i'r heddlu ar ôl i'w gyhuddiad o ladd 81 o ferched gael ei brofi.

Yn 2015, cafwyd Popkov yn euog o ladd 22 o fenywod ond yn ddiweddarach fe gyfaddefodd i 59 yn rhagor o lofruddiaethau, gan gynnwys llofruddiaeth plismon. Fodd bynnag, ni allai'r heddlu ddod o hyd i dystiolaeth o dri o'r llofruddiaethau hyn. Adroddodd Popkov ei fod yn defnyddio bwyeill, morthwylion, cyllyll, sgriwdreifers, a rhawiau i gyflawni'r llofruddiaethau.

Wedi'i eni ar Fawrth 7, 1964, yn Angarsk, Rwsia, dedfrydwyd Mikhail Popkov i ddedfryd oes ddwbl, ond roedd am gael ei ddienyddio trwy grogi.

25. Rodney Alcala (Unol Daleithiau)

Roedd y dull o ladd Rodney Alcala, un o laddwyr cyfresol mwyaf peryglus America, mor arswydus fel y byddai rhywun yn cael ei chwythu i ffwrdd ar ôl ei ddarllen. Roedd hefyd yn arfer treisio merched cyn cyflawni'r llofruddiaeth. Merched ysgol oedd llawer o'i ddioddefwyr.

Roedd hefyd yn cael ei adnabod fel y "Dating Game Killer" oherwydd iddo ymddangos yn 1978 fel cystadleuydd ar y rhaglen deledu "The Dating Game."

Ym 1977, cysylltwyd enw Alcala am y tro cyntaf â llofruddiaeth dynes 28 oed. Cafodd prawf DNA ei wneud ar esgyrn y ddynes, gafodd eu darganfod yn ne-orllewin Wyoming. Roedd y fenyw hon 6 mis yn feichiog. Dywedir bod Alcala yn arfer mynd ar ôl merched ac yna, ar ôl eu lladd, yn arfer cadw eu clustdlysau fel atgof.

Mae Rodney Alcala, 66, yn cael ei ystyried yn llofrudd cyfresol mwyaf peryglus America. Mae'n ffotograffydd wrth ei alwedigaeth. Yn ôl yr heddlu, mae Rodney wedi lladd tua 130 o ferched a menywod. Daeth yr heddlu o hyd i luniau o'r merched hyn o dŷ Rodney. Roedd pob un ohonyn nhw wedi bod ar goll ers blynyddoedd lawer.

Roedd yn seico-laddwr clyfar a brawychus iawn. Dewisodd ddioddefwyr yn amrywio o ferched ifanc i ferched priod. Mae'n dod i adnabod y ferch yn gyntaf ac yna'n ei hudo i gael tynnu ei llun, gan ei gwneud yn fodel. Byddai merched yn hawdd syrthio i'w fagl oherwydd diffyg hudoliaeth ac arian. Ac ar ôl hynny, mae'r gêm beryglus o deithio ar y ffyrdd yn dechrau. Mae'n tynnu lluniau anweddus o ferched. Yn ddiweddarach, mae'n ceisio cael perthynas gorfforol gyda hi. Byddai'n treisio merched nad oedd yn barod amdano.

Os na fyddai hyn yn ei fodloni, byddai'n tagu'r merched hyn ac yn eu gadael pan fyddant yn dechrau llewygu. Trwy dasgu dŵr ar wyneb y ferch neu mewn rhyw ffordd arall, byddai'n dod â hi at ei synhwyrau. Pan adenillodd y ferch ymwybyddiaeth eto, byddai'r llofrudd yn ei thagu eto. Yn y modd hwn, byddai'n lladd ei ddioddefwr trwy ei phoenydio.

Yn ôl ymchwilwyr, roedd Rodney yn seico-laddwr. Yn ôl seicolegwyr, roedd Rodney yn arfer mwynhau gwylio merched yn dioddef fel hyn. Credwyd bod y llofrudd yn athrylith, gydag IQ o 160, yn ôl seicolegwyr.

Ef hefyd oedd enillydd sioe realiti teledu enwog America, "The Blind Date." Ond fe wnaeth y ferch a ddewisodd Rodney fynd ar ddyddiad ar y sioe gêm hon ganslo'r dyddiad hwnnw yn ddiweddarach. Yn ôl iddi, pan siaradodd â Rodney, roedd hi'n teimlo'n ofnus iawn ac yn rhyfedd.

Daethpwyd o hyd i luniau noethlymun o lawer o ferched o locer Rodney. Roedd ei ddioddefwyr yn amrywio o ferched ysgol i ferched yn eu 40au. Tynnwyd y lluniau hyn i gyd rhwng 1977 a 1979. Tynnodd Rodney luniau o sawl menyw ar ôl iddynt gael eu llofruddio. Yn ôl yr heddlu, fe dargedodd lawer o ferched yn Efrog Newydd, Washington, a Los Angeles, yn ogystal â thu allan i'r Unol Daleithiau.

Roedd Rodney yn ffotograffydd enwog iawn yn America. Roedd ganddo stiwdio fawr. Wrth edrych ar Rodney, ni ellid bod wedi dyfalu bod ei fwriadau mor beryglus a milain. Roedd eisoes wedi treulio tair blynedd o ddedfryd am dreisio merch 8 oed yn ei 70au cyn cael ei arestio am y llofruddiaethau hyn.

Er bod Alcala wedi'i gael yn euog o bum llofruddiaeth, mae swyddogion yn credu iddo ladd mwy na 130 o bobol.

Cafodd ei ddedfrydu i farwolaeth am y tro cyntaf yn 1980 am herwgipio a llofruddio Robin Samso, 12 oed, ond cafodd ei ddedfryd ei wyrdroi gan Goruchaf Lys California. Ym 1986, cafodd ei ddedfrydu i farwolaeth eto, ond cafodd y ddedfryd honno ei gwrthdroi yn 2003 gan lys apêl ffederal.

Fe'i cafwyd yn euog yn ddiweddarach yn y flwyddyn 2010. Ond pan oedd yn cael ei ddedfrydu, hyd yn oed ar y pryd, roedd y llofrudd hwn yn chwerthin. Nid oedd hyd yn oed crych ar ei ael. Chwarddodd

Rodney a chwerthin yn ystod yr achos a daliodd ati i siarad â'i gyfreithiwr.

Yn 2013, cafodd ei ddedfrydu i 25 mlynedd ychwanegol yn y carchar ar ôl ei gael yn euog o ddwy lofruddiaeth arall. Bu farw o achosion naturiol yn 77 oed mewn ysbyty yn Nyffryn San Joaquin California tra'n bwrw ei ddedfryd.

26. Behram (India)

Mae enw'r llofrudd cyfresol Indiaidd "Behram" wedi'i gofnodi yn y Guinness Book of World Records. Lladdodd y llofrudd didrugaredd hwn o India fwy na 900 o bobl heb wn na chyllell.

Lladdwr mor ddidostur y parhaodd ei reolaeth i ddychryn hyd yn oed y Prydeinwyr a fathodd ei enw am 50 mlynedd. Mae llawer o chwedlau wedi dod i'r amlwg am y llofrudd cyfresol hwn, ond dywedir bod ei enw yn y 19eg ganrif yn ddigon i greu ofn yng nghalonnau pobl.

Mae Behram hefyd yn mwynhau statws Brenin y Twyllwyr. O'i gymharu â'r holl laddwyr cyfresol a restrir yn y rhestr o droseddwyr ledled y byd, ni welwyd y panig a ddigwyddodd yn enw Behram cyn hynny nac ar ôl hynny. Digwyddodd yr ofn hwn yn enw unrhyw un. Gelwir Behram hefyd yn Cheater Behram, ac mae wedi'i ysgrifennu yn y llyfrau a ddefnyddiodd Behram i ladd ei ddioddefwr mewn ffordd unigryw iawn. Mae ei stori am ffyrnigrwydd nid yn unig yn cael ei ddysgu mewn llyfrau hanes ond hyd yn oed heddiw, mae pobl yn cael sioc o glywed straeon ei droseddau.

Wedi'i eni yn y flwyddyn 1765 yn Jabalpur (Canolbarth India ar y pryd) ym Madhya Pradesh, roedd bywyd Behram yn syml iawn yn ei blentyndod. Ond daeth yn gyfaill i Syed Amir Ali, 25 mlynedd yn hŷn nag ef, a oedd yn arfer bod yn dwyllwr mwyaf peryglus ac ofnus ei gyfnod. Cyflwynodd yr un Amir Ali Behram i fyd peryglus twyllwyr. Unwaith ym myd y twyllwyr, ni edrychodd Behram yn ôl, ac yn fuan daeth yn bennaeth twyllwyr. Pan aeth Behram i mewn i fyd y twyllwyr, roedd yn 25 oed ar y pryd, ond am y deng mlynedd nesaf, lladdodd gymaint o bobl fel bod ofn ei enw yn lledu ymhell ac agos.

Yn y dyddiau hynny, wrth gwrs, prin oedd y moddion i gymudo a chario'r newyddion yma ac acw, eto ni chymerodd yn hir i orchestion Behram gyrraedd ymhell ac agos.

Gorfodwyd masnachwyr, twristiaid, pererinion, a hyd yn oed swyddogion yr heddlu a'r fyddin a oedd yn teithio o Delhi i Jhansi, Gwalior, Jabalpur, a Bhopal, yn ogystal â Calcutta, i osgoi rhai ffyrdd.

Mae adroddiad y swyddogion Prydeinig ar y pryd yn datgelu bod pobl fel arfer yn arfer teithio mewn confois a charafanau yr adeg honno, ond roedd y Cheater Behram a'i gymdeithion yn arfer gwneud i'r confoi cyfan ddiflannu. Nid oedd hyd yn oed y plismyn yn gallu dod o hyd i gorff neb.

Dywedir fod Behram wedi ffurfio grŵp o tua dau gant o dwyllwyr, y rhai a wasgarwyd ar hyd a lled Canolbarth India. Mae hyd yn oed yn mynd mor bell â dweud y bydd pwy bynnag sy'n cael ei ddal yng nghrafangau'r criw hwn yn ei chael hi'n anodd, os nad yn amhosibl, i achub eu heiddo a'u bywydau.

Yn y cyfnod pan oedd trosedd Cheater Behram yn rheoli, roedd y East India Company hefyd yn lledu ei draed yn India. Yn ôl cofnod a roddwyd gan swyddog Seisnig o'r East India Company, lladdodd Behram 931 o unigolion yn ei oes. Roedd ei ddull unigryw o ladd yn ysgytwol. Roedd yn arfer cael darn arian a hances felen. Arferai dagu ei ddioddefwyr trwy osod yr un geiniog yn yr hances bob tro.

Ar y naill law, gyda chynydd braw gan Cheater Behram a'i gang, ar y llaw arall, a chyda rheolaeth Prydain yn Lloegr, bu panig cynyddol ymhlith swyddogion y East India Company. Yn ol adroddiad swyddog Seisnig, cyn y flwyddyn 1822, cafodd yr holl swyddogion Prydeinig a anfonwyd i gael gwybod am y twyllwr Behram eu llofruddio gan Behram. Yna anfonodd llywodraeth Prydain ei swyddog mwyaf craff, Capten Williams Henry Sleeman, i India.

Yn y flwyddyn 1822, gwnaed Capten Williams Henry Sleeman yn ynad ardal Narsinghpur, canolbarth India. Crwydrodd Sleeman o ddinas i ddinas ac o goedwig i goedwig i gael gwybod am y criw o dwyllwyr, ond ni allai gael llwyddiant. Yna postiodd Cwmni East India yr Arglwydd Williams Bentinck fel Llywodraethwr Cyffredinol India. Roedd bwriad yr Arglwydd Bentinck yn glir: codi baner yr

Ymerodraeth Brydeinig o amgylch India. Ond o'i flaen, yr oedd y rhwystr mwyaf, o'r enw Cheater Behram, wedi sefyll, o herwydd yr hwn yr oedd y swyddogion Prydeinig hefyd yn ofni. Yna yr Arglwydd Bentinck a roddodd ryddid llwyr i Sleeman, ynghyd a dinystr o'r fyddin, fel y gallai yntau gael ei amddiffyn.

Yn fuan, lledaenodd Capten Sleeman ei we o hysbyswyr, gan sifftio trwy ddŵr, ac yn fuan daeth o hyd i leoliad y Cheater Syed Amir Ali, meistr Behram. Cyrhaeddodd byddin Prydain dŷ Amir Ali ar unwaith i'w ysbeilio, ond llithrodd Amir Ali o'i law a ffoi. Felly arestiodd swyddogion Prydain aelodau teulu Amir Ali.

Ar ôl misoedd o frwydro, o'r diwedd, yn y flwyddyn 1832, ildiodd Amir Ali ei hun i'r fyddin Brydeinig i achub ei deulu. Ond roedd Capten Sleeman eisiau gwybod cyfeiriad Cheater Behram yn lle Amir Ali, felly agorodd Capten Slimane geg Amir Ali gyda'i driciau a chael cyfeiriad Cheater Behram.

Bum mlynedd ar ôl dod i wybod am y twyllwr Behram o Amir Ali, un diwrnod yn y flwyddyn 1838, daeth tynged Behram ag ef o flaen Capten Sleeman a hysbyswr Amir Ali, a'i ddaliodd yng nghrafangau rheolaeth Prydain. Yn ôl dyddiadur y swyddog Prydeinig, roedd Behram yn fwy na 75 oed ar yr adeg y daliodd byddin Prydain ef.

Am y ddwy flynedd nesaf, cynhaliwyd achos llys Cheater Behram mewn llys ym Mhrydain. Ac yn y flwyddyn 1840, crogwyd Behram yn agored ar goeden yn Salimabad, ger Katni. Cafodd 40 o dwyllwyr eraill eu crogi gydag ef. Tra roedd rhai o'r twyllwyr yn penlinio o flaen y swyddogion Prydeinig, fe'u hanfonwyd i'r cartref cywirol.

Mae adroddiad Capten Sleeman yn datgelu bod 200 o dwyllwyr yn gang Behram yn llofruddion. A dim ond mewn un ffordd yr arferai'r bobl hyn gyflawni llofruddiaeth. Arferent dagu gwddf y dioddefwr trwy roddi y darn arian yn yr hances, ac wedi hyny, arferai y bobl hyn daflu y corph yn y ffynon. Mae cyfanswm y llofruddiaethau a gofnodwyd yn y dyddiaduron Prydeinig bellach yn 931, ond mae'n werth nodi efallai nad dyma'r cyfrif terfynol. Mae swyddogion Prydain hefyd wedi ysgrifennu yn eu dyddiaduron bod yn rhaid bod y criw hwn wedi lladd mwy o bobl na hyn.

Mae ymchwiliad Capten Sleeman hefyd yn datgelu bod Behram Cheaters a'u criw yn arfer siarad mewn iaith arbennig na allai neb ei deall. Ceisiodd hyd yn oed ysbiwyr y Prydeinwyr yn galed i ddeall yr iaith honno, ond ni allent ei dadgodio.

Yn iaith y Cheaters, Ramos oedd yr enw ar yr iaith honno. Roedd yn fath o iaith arwyddion a ddefnyddiwyd ganddynt i hysbysu ei gilydd am eu dioddefwyr, eu sefyllfa, eu cryfderau, y pethau oedd ganddynt, a'u hamgylchoedd.

Ymunodd y criw hwn o dwyllwyr yn aml fel teithwyr yn y confoi a ysbeiliwyd, tra bod gweddill ei gang yn cerdded gryn bellter i ffwrdd. Ond pan syrthiodd pobl y confoi i gysgu yn ystod y nos, byddai'r Twyllwyr yn arwydd o'r ymosodiad gyda gwaeddiadau jackals. Mewn achos o ymosodiad ar yr un pryd, daeth yn amhosibl amddiffyn ger y confoi, ac roedd y bobl hyn yn arfer tagu pobl gyda chymorth eu hancesi melyn a'u darnau arian.

Yn ystod yr achos yn llys Prydain, fe ddywedodd Cheater Behram ei hun iddo ladd mwy na 150 o bobol gyda'i ddwylo ei hun. Roedd wedi dysgu ei gang i ladd pobl heb arfau.

27. Gary Ridgway (Unol Daleithiau)

Mae'n rhaid eich bod chi wedi clywed am lawer o ddirgelion llofruddiaeth yn y byd, ond byddwch chi wedi'ch syfrdanu o glywed y stori rydyn ni'n mynd i'w hadrodd wrthych chi heddiw. Gŵr ifanc a orffennodd ei astudiaethau a dechrau swydd yn y fyddin ac a briododd ei gariad. Ond yn araf bach, sut daeth y person diymhongar hwn yn llofrudd cyfresol? Mae ei stori yn syfrdanol. Am flynyddoedd, bu'n cadw gorchudd da dros ei weithredoedd du, ond dywedir, waeth pa mor glyfar yw'r llofrudd, y bydd dwylo'r heddlu yn ei gyrraedd.

Dyma stori Gary Ridgway, un o drigolion America. Cyflawnodd Gary fwy na 70 o lofruddiaethau, nid dim ond 2-4. O ble ddaeth y syniad o lofruddiaeth ym meddwl Gary? Sut cerddodd Gary yn syth o'r fyddin ar ei ffordd i'r carchar? Sut y gwnaeth agosatrwydd cynyddol at weithiwr rhyw droi Gary yn llofrudd cyfresol

Ganed Gary Ridgway yn Salt Lake City, Utah, ar Chwefror 18, 1949. Ar ôl gorffen yn yr ysgol yn 18 oed, dechreuodd Gary swydd yn y fyddin. Cyn gynted ag y graddiodd, priododd ei gariad.

Tra'n gwasanaethu yn y fyddin, dechreuodd Gary gael perthynas gyda gweithwyr rhyw. Oherwydd yr arferiad drwg hwn, bu'n rhaid i Gary glywed cerydd gan yr awdurdodau sawl gwaith. Hyd yn oed ar ôl hyn i gyd, ni wellodd arferion Gary. Yna, oherwydd yr arferiad hwn, cafodd ei danio o'r fyddin.

Ar ôl colli ei swydd yn y fyddin, dychwelodd Gary Ridley i'w gartref a dechrau paentio. Ond yn sydyn, does neb yn gwybod sut y daeth ysbryd llofruddiaeth i feddwl Gary. Mae Gary yn benderfynol o lofruddio pobl ac yn dechrau gweithio ar ei syniad drwg. Rhwng 1982 a 1998, gwnaeth Gary fwy na 50 o fenywod yn ddioddefwyr. Ar ôl eu lladd, taflodd Gary gyrff y merched hyn i'r Afon Werdd yn King County.

Ar 15 Gorffennaf, 1982, daethpwyd o hyd i gorff Wendy Lee Cofield, 16 oed o Puyallup, Pierce County, Washington, yn yr Afon Werdd i'r de o Seattle.

Ar Awst 12, 1982, daethpwyd o hyd i gorff Debra Bonner, 23 oed, yn Green River. Rhwng Awst 13 a 15, 1982, daethpwyd o hyd i gyrff Cynthia Hinds, 17, Opal Mills, 16, a Marcia Chapman, 31, yn neu ger yr Afon Werdd.

Pan ddaethpwyd o hyd i gynifer o gyrff gyda'i gilydd, cafodd yr heddweision eu syfrdanu. Ar Awst 16, 1982, sefydlodd Heddlu King County y Tasglu ar y Llofruddiaethau. Ar Ebrill 27, 1983, daeth dod o hyd i'r Green River Killer yn unig nod heddlu'r genedl. Amcangyfrifwyd bod yr ymchwiliad wedi costio $2 filiwn yn 1983.

Ar Ebrill 30, 1983, aeth merch 18 oed o'r enw Mary M. Malver ar goll. Gan amau herwgipio, aeth ei chariad ar drywydd y lori pickup. Daeth perchennog y lori codi allan i fod yn Ridgway. Pan gafodd Ridgway ei holi gan heddlu Des Moines, fe wadodd unrhyw gysylltiad â Malver. Llwyddodd Gary hefyd i basio'r prawf polygraff.

Ar Fai 3, 1983, aeth Carol Christensen, 21 oed, ar goll ar Pacific Highway S, i'r de o Seattle. Cafwyd hyd i'w gorff bum niwrnod yn ddiweddarach yng nghoedwig Maple Valley, i'r de-ddwyrain o Seattle.

Ar Dachwedd 20, 1983, dywedodd yr heddlu mewn datganiad bod yr un llofrudd wedi lladd 11 o ferched ifanc yn South King County ers haf 1982. Ar Ebrill 2, 1984, canfuwyd pum ysgerbydau ychwanegol, gan fynd â nifer swyddogol y dioddefwyr i 20 .

Ar Ebrill 20, 1984, canfuwyd dau sgerbwd arall, gan gynnwys gweddillion Amina Agisheff, 36 oed, a ddarganfuwyd ger North Bend. Cododd y nifer o farwolaethau i 42 ar 9 Rhagfyr, 1984. O'r rhain, nodwyd 28 o gyrff, ac roedd 14 o ferched eraill ar goll.

Ar Ebrill 8, 1987, cynhaliodd yr heddlu chwiliad trylwyr o Ridgway's Kent House a cherbydau. Dywedodd dau dyst eu bod wedi ei weld gydag o leiaf dau ddioddefwr, gan ychwanegu at nifer y dioddefwyr. Cymerodd yr heddlu samplau Ridgway, ond doedd dim digon o dystiolaeth i'w arestio.

Ar Fai 30, 1988, daethpwyd o hyd i weddillion merch 15 oed, Debra Estes, yn Federal Way. Cafodd ei gweld ddiwethaf yn fyw ar Fedi 20, 1982. Ar 20 Medi, 1990, daethpwyd o hyd i gorff dynes o'r enw Marta Reeves ar hyd Highway 410 ger Enumclaw, i'r de-ddwyrain o Seattle.

Ar Awst 6, 1998, daeth y tîm chwilio o hyd i gorff Patricia Ann Yellow Robb, 38 oed o Seattle, wedi'i gladdu o dan y rwbel. Dywedodd y dystysgrif marwolaeth iddi farw o orddos damweiniol o gyffuriau ac alcohol, ond dywedodd ymchwilwyr yn ddiweddarach wrth berthnasau ei bod yn un o ddioddefwyr llofruddiaeth Green River.

Ar 2 Tachwedd, 1999, defnyddiwyd proses DNA newydd i adnabod yr olion a ddarganfuwyd ger yr Afon Werdd. Arweiniodd hyn at ddarganfod gweddillion ym 1986, a adnabuwyd fel rhai Tracy Ann Winston, 19 oed, a welwyd ddiwethaf ger Northgate yn Seattle yn 1983.

Yn ystod holi'r heddlu, cyfaddefodd Gary fod ganddo berthynas â rhai merched, gweithwyr rhyw yn bennaf. Ar ôl hyn, bu'n rhaid i'r heddlu chwilio am DNA Gary Ridgway. Dywedodd ymchwilydd Labordy Troseddau Patrol Talaith Washington, Beverly Himick, oedd yn ymwneud â'r achos, mai cyrff a ddarganfuwyd yn yr Afon Werdd oedd y ffordd olaf i ddal y llofrudd.

Pan ddaeth yr adroddiad prawf DNA, pentyrrwyd y cyrff. Ar ôl hyn, datgelwyd y llofrudd o flaen pawb. Ar ôl cael prawf o'r sefyllfa, daeth Gary yn adnabyddus fel y Green River Killer. Ar Dachwedd 30, 2001, arestiwyd Ridgway ar gyhuddiadau o bedwar llofruddiaeth. Canfuwyd bod ei DNA yn gysylltiedig â DNA tri dioddefwr.

Ar 5 Rhagfyr, 2001, cyhuddwyd Ridgway o lofruddiaethau Marcia Chapman, Cynthia Hinds, Opal Mills, a Carol Christensen. Gwadodd Ridgway bob honiad. Ar Fawrth 27, 2003, cafodd tri chyhuddiad pellach eu ffeilio yn erbyn Ridgway ym marwolaethau Wendy Lee Cofield, Debra Estes, a Debra Bonner. Gwadodd yr honiadau eto.

Trafododd Ridgway gyda'r heddlu ar 13 Mehefin, 2003, i osgoi'r gosb eithaf a helpu ymchwilwyr i ddatrys achosion Green River orau y gallent.

Ar Awst 16, 2003, daeth tîm oedd yn chwilio ardal goediog i'r dwyrain o Enumclaw yn King County, Washington, o hyd i weddillion Pammie Avent, merch 16 oed o Seattle a oedd wedi diflannu ym mis Hydref 1983. Daeth tîm chwilio o hyd i esgyrn dynol yn ardal goediog yng Nghaint ar Awst 21 ac Awst 23, 2003.

Rhwng Awst 30 a Medi 2, 2003, daeth tîm chwilio o hyd i weddillion merch 17 oed, April Don Buttram, a welwyd ddiwethaf yn 1983 yn yr ardal ger Snoqualmie, King County, Washington. Darganfu tîm chwilio anialwch weddillion Mary M. Malver, 18, a aeth ar goll ar Ebrill 30, 1983.

Ar 5 Tachwedd, 2003, cafwyd Ridgway yn euog o 49 cyhuddiad o ffeloniaeth yn y radd gyntaf. Gyda llaw, roedd wedi cyfaddef iddo ladd mwy na 70 o ferched. Mewn gwirionedd, er gwaethaf cyfaddefiadau di-ri o'r fath, casglodd yr heddlu dystiolaeth o 49 llofruddiaeth yn unig, a dedfrydodd y llys y dienyddiwr, Gary Ridgway, i 48 o ddedfrydau oes yn olynol ar Ragfyr 18, 2003.

28. Javed Iqbal (Pacistan)

Dyma stori llofrudd cyfresol yr oedd ei greulondeb wedi achosi i galon y barnwr grynu hyd yn oed. Nid yw'r barnwr yn gwybod faint o droseddwyr peryglus y mae'n rhaid ei fod wedi'u gweld o flaen ei lygaid. Byddai'r tramgwyddwyr hynny hefyd wedi cael eu cosbi'n llym. Ond pan glywyd achos y llofrudd cyfresol hwn, mewn dicter, cyhoeddodd y barnwr ddedfryd o'r fath nes syfrdanu'r byd. Mae'r gosb hon yn dechrau cael ei thrafod ledled y byd.

Cyhoeddodd y barnwr hefyd gosb y llofrudd cyfresol a lofruddiodd 100 o blant yn greulon ar ôl eu treisio yn yr un modd ofnadwy. Dywedodd y llys yn ei benderfyniad oherwydd y ffordd y llofruddiodd Javed 100 o blant yn greulon trwy dagu, y dylai gael y ddedfryd o farwolaeth yn yr un modd. Yn yr un modd, dylai gael ei dagu'n greulon 100 o weithiau. Roedd yn arfer mygu babanod â chadwyni, yn union fel hynny. Yna, yn yr un modd, dylid gwneud o leiaf 100 o ddarnau o gorff y llofrudd cyfresol hwn ag yr arferai dorri cyrff plant. Ar ôl hyn, dylid toddi'r darnau hynny trwy eu rhoi mewn asid, fel yr arferai wneud gyda lladdwyr cyfresol. Fodd bynnag, yn dilyn y penderfyniad hwn, dechreuodd cwestiynau godi mewn llysoedd ledled y byd ynghylch a ellid gosod cosb erchyll hyd yn oed heddiw. Wedi'r cyfan, pan godwyd cwestiynau ledled y byd, bu'n rhaid i'r llys newid ei benderfyniad ynghylch cosbi'r llofrudd cyfresol hwn. Yna cyhoeddwyd eto y byddent yn rhoi'r gosb eithaf i'r llofrudd cyfresol hwnnw.

Mae'r stori hon yn dechrau gyda llythyr dienw. Anfonwyd llythyr at Khawar Naeem Hashmi, prif olygydd newyddion y papur newydd Wrdw hwn. Syfrdanwyd y golygydd wrth ddarllen llinell gyntaf y llythyr hwnnw. Ysgrifenwyd yn y llythyr hwnnw, 'Fe dreisio cant o blant, yna eu tagu i farwolaeth, ac yna eu boddi mewn asid. Yna taflwyd eu cyrff i afon gyfagos.'

Anfonwyd tystiolaeth o ladd plant hefyd yn y parsel ynghyd â'r llythyr. Wrth agor y parsel, roedd lluniau o rai plant ynddo. Felly rhai dogfennau o'r fath, gan weld ei bod yn ymddangos nad yw anfonwr y llythyr yn cellwair. Dywedir i lythyr a pharsel tebyg gael eu hanfon at yr heddlu yno hefyd.

Darllenodd yr heddlu'r llythyr hwnnw hefyd ac agor y parsel a'i weld, ond fe wnaethon nhw ei gymryd fel jôc. Ond ni wnaeth golygydd y papur newydd hwnnw ei anwybyddu. Yn lle hynny, i ymchwilio i'r newyddion, anfonwyd newyddiadurwr i'r cyfeiriad a roddwyd yn y llythyr hwnnw a'i ddilysu.

Yn y llythyr hwnnw, rhoddwyd cyfeiriad hen dŷ ar Ffordd Ravi ym Mhacistan. a oedd mewn lle diarffordd iawn. Wrth ymchwilio i hyn, cyrhaeddodd y newyddiadurwr yno. Pan welodd y newyddiadurwr y cyflwr yno, yn araf bach trodd yr amheuaeth yn ffydd.

Daeth y newyddiadurwr o hyd i dystiolaeth o'r fath yno, a'i syfrdanodd. Darganfuwyd gwaed mewn amrywiaeth o leoedd. Darganfuwyd bag hefyd a oedd yn cynnwys esgidiau a dillad y plant. Nawr roedd yn ymddangos bod rhyw ddigwyddiad yn ymwneud â phlant wedi digwydd yma. Cafwyd hyd i ddyddiadur yno hefyd. Roedd enwau'r plant wedi'u hysgrifennu arno.

Wrth weld y dyddiadur, rhoddodd y newyddiadurwr wybodaeth lawn i'w olygydd ar unwaith. Dywedwyd hefyd fod y pethau a ysgrifennwyd yn y llythyr yn ymddangos yn gwbl wir oherwydd bod llawer o farciau llofruddiaeth yma. Ar ôl clywed hyn, hysbysodd y golygydd yr heddlu am hyn ar unwaith.

Ar ôl hyn, cymerodd yr heddlu y peth o ddifrif a chyrraedd y man hwnnw i ymchwilio. Pan ddechreuodd y chwilio ym mhresenoldeb yr heddlu, daethpwyd o hyd i sgerbydau'r ddau blentyn cyntaf yno. Cafwyd hyd i gynhwysydd mawr gerllaw. Rhoddwyd asid hydroclorig yn y cynhwysydd.

Cafodd rhai darnau o bapur eu gludo ar y waliau yno. Fel petai'r llofrudd cyfresol a ysgrifennodd y llythyr yn gwbl hyderus y byddai naill ai'r heddlu neu'r newyddiadurwr yn dod yma.

Ar rai darnau o bapur, fe'i hysgrifennwyd:

Mae holl fanylion y llofruddiaeth wedi'u cofnodi mewn dyddiadur a llyfr nodiadau 32 tudalen, yr wyf wedi'u gadael yn yr ystafell. Mae ei gopi wedi ei anfon at y swyddogion. Nid wyf wedi gallu cael gwared ar y cyrff marw y bydd yr heddlu'n eu cael. Hyd yn oed os bydd yr heddlu yn eu cael, efallai ar ôl fy hunanladdiad. Nawr rydw i'n mynd i farw trwy neidio i mewn i Afon Ravi.

Wrth ddarllen y llinellau hyn, rhedodd yr heddlu tuag at Afon Ravi i ddal y llofrudd. Ond ni ddaethpwyd o hyd i neb yno. Bu'r heddlu'n chwilio am amser hir. Ar ôl hyn, cafodd cannoedd o heddluoedd eu galw i mewn a dechreuwyd eu chwilio.

Er mwyn dal y llofrudd cyfresol hwnnw, dywedir mai Heddlu Pacistan a gynhaliodd yr ymgyrch chwilio fwyaf y flwyddyn honno. Ond o hyd, ni allai'r heddlu gyrraedd y llofrudd hwnnw. Yna un diwrnod, yn sydyn, cyrhaeddodd dyn swyddfa'r un papur newydd Wrdw. Barf ysgafn a mwstas, sbectol ar y llygaid, tua 44-45 oed.

Cyflwynodd y dyn hwn ei hun i'r papur newydd. Fy enw i yw Javed Iqbal. Yna dywedodd, "Fi yw'r un a anfonodd y llythyr ac a ddywedodd am ladd 100 o blant." Yna dywedodd wrth olygydd y papur newydd ei fod wedi dod i ildio. Nawr dechreuodd y cyfweliad gyda Javed Iqbal yma ac, ar ôl cael y wybodaeth, cyrhaeddodd yr heddlu swyddfa'r papur newydd. Cyn gynted ag yr oedd y cyfweliad drosodd, daliodd yr heddlu ef.

Nawr yr her o flaen yr heddlu oedd a oedd yn Javed Iqbal neu rywun arall. Pa blant y mae wedi eu lladd? Pam ei fod wedi eu lladd? Beth yw'r rheswm dros ladd plant yn unig? Roedd y rhain i gyd yn gwestiynau mawr i'r heddlu. Felly dechreuodd yr heddlu agor pob haen o'r tudalennau hynny lle claddwyd sgrechiadau llawer o blant, heb wybod faint o freuddwydion plant a gladdwyd yn fyw.

Pan ddechreuodd yr heddlu ei holi, ei linell gyntaf oedd, "Javed Iqbal ydw i - llofrudd 100 o blant." Mae'n gas gen i'r byd hwn. Nid oes gennyf unrhyw gywilydd nac edifeirwch am yr hyn a wneuthum. Yr hyn roeddwn i'n ei feddwl, nawr rydw i wedi'i gyflawni. Dyna pam yr wyf yn barod i farw. Nid ymddiheuraf.

Gofynnodd yr heddlu iddo a oedd wedi bod yn gwneud hyn ers plentyndod. Yna atebodd Javed Iqbal nad oedd felly - "Cefais fy ngeni ar 8 Hydref, 1956 yn Lahore. Ers plentyndod, rwyf wedi bod yn berson syml iawn, yn union fel y mae pobl eraill. Roedd gen i deulu hefyd. Roedd gen i deulu hyfryd hefyd. mam. Roedd hi'n fy ngharu i'n ormodol."

Mewn sefyllfa o'r fath, gofynnodd yr heddlu, "Pan oedd popeth yn iawn, yna pam a sut wnaethoch chi ladd y plant? Wedi'r cyfan, beth yw'r rhesymeg y tu ôl iddo?"

Hwn oedd y cwestiwn oedd yn mynd i ddwyn allan holl wirionedd bywyd Javed Iqbal. Wrth ateb y cwestiwn hwn, cafodd Javed ychydig yn emosiynol hefyd. Ac yna dechreuodd ateb. Dywedodd wrth yr heddlu hynny

Tua 20 oed oeddwn i pan wnaeth yr heddlu fy arestio. Cefais fy nghyhuddo o dreisio. Ond roedd yr achos treisio hwnnw yn gwbl ffug. Doeddwn i erioed wedi cael digwyddiad o'r fath. Roedd fy mam wedi cynhyrfu pan welodd ei mab dan glo yn y carchar. Cymerodd hi drwy'r dydd a'r nos i'w gael allan o'r carchar, ond ni chafodd lwyddiant. Roeddwn i'n aros yn y carchar ac yn arfer gweld fy mam mewn dagrau bob tro roedd hi'n crio. Ond roedd yr anffawd yn gymaint fel na allai hyd yn oed ei dagrau gael eu sychu. A daeth diwrnod pan fu farw'r fam wrth ddisgwyl i'w mab ddod allan o'r carchar.

Roeddwn i wedi torri a llenwi â dicter ar farwolaeth fy mam. Dyna pam, ar yr un pryd, y gwnes i adduned, ni waeth beth sy'n digwydd nawr, y byddaf yn gwneud i o leiaf 100 o famau grio—dros eu meibion. Gobeithio y gall y 100 o famau sydd yma ddeall faint maen nhw'n dioddef pan nad yw eu plant yno.

Nawr mae'r heddlu'n cwestiynu: sut y gwnaeth ef gysylltu'r plant?

Rhoddodd Javed Iqbal y stori gyfan ar y cwestiwn hwn. Roedd Javed Iqbal yn arfer dal plant yn ei fagl mewn ffordd wych iawn. Ar gyfer hyn, agorodd siop yn gwerthu hoff gemau fideo plant yn yr ardal honno.

Daeth mwy o blant i'w siop, felly gostyngodd ei gyfraddau llawer. Weithiau, byddai'n gwneud gemau fideo am ddim i ddenu mwy o blant. Yn y trachwant hwn, arferai plant ddod i'w siop gemau fideo lawer gwaith heb hyd yn oed hysbysu aelodau'r teulu.

Roedd yn arfer mabwysiadu dull newydd o dargedu un plentyn allan o lawer o blant. Roedd yn arfer gollwng nodiadau Rs 100 yn ei siop at y diben hwn. Roedd rhai plant yn arfer codi'r arian hwnnw a'i gadw. Ar ôl hyn, roedd Javed yn arfer gwneud i'r holl blant sefyll mewn llinell i ddarganfod yr arian. O bwy bynnag y byddai'n dod o hyd i'r nodyn, byddai'n mynd ag ef i'r ystafell ac yn cau'r drws. Yna roedd yn arfer treisio'r plentyn hwnnw wrth wneud gweithredoedd anweddus.

Pan aeth rhai pobl yn amheus am hyn, rhoddodd pobl y gorau i anfon plant i'r siop. Ar ôl hynny, agorodd yr acwariwm i ddangos y pysgod. Ar ôl hyn, dechreuodd dargedu'r plant hynny a oedd naill ai'n arfer rhedeg oddi cartref neu'n dod yno yn crwydro ar eu pen eu hunain. Ar ôl hyn, roedd yn arfer mynd â'r plant hynny i dŷ yn Shadbagh, Lahore, a'u treisio.

Arferai dagu y plant hyny i farwolaeth ar ol hyny. Defnyddiodd gadwyn haearn i dagu'r plant fel y byddent yn marw mewn poen. Roedd yn arfer tynnu lluniau'r plant hynny a'u cadw fel bod eu harwyddion yn aros.

Ar ôl eu llofruddio'n greulon, fe dorrodd gyrff y plant yn sawl darn. Yna byddai'n trochi'r darnau hynny mewn asid ac yn eu tagu'n llwyr. Yn y modd hwn, ni ellir dod o hyd i unrhyw dystiolaeth yn ymwneud ag unrhyw blentyn. Hyd yn oed ar ôl mwyndoddi corff y plentyn, gadawyd rhai rhannau, felly roedd yn arfer mynd â nhw i'r afon gyfagos a'u taflu. Yn y modd hwn, lladdodd 100 o blant. Cadwyd sgerbydau rhai ohonynt hefyd fel arwydd.

Ar ôl ei ddatganiad, casglodd yr heddlu dystiolaeth yn ymwneud â'r plant a laddwyd a chyflwyno'r mater yn y llys.

Ar Fawrth 16, 2000, collfarnodd y Barnwr Allah Bakhsh Javed Iqbal o lofruddiaeth greulon 100 o blant. Roedd y barnwr wedi dweud yn y rheithfarn y dylai Javed a gafwyd yn euog hefyd gael ei dagu 100 o weithiau ac yna, ar ôl marwolaeth, y dylid gwneud 100 o ddarnau o'r corff. Fodd bynnag, ar ôl hyn, newidiwyd y penderfyniad i ddedfryd marwolaeth yn unig. Ond cyn cael ei grogi, cafwyd hyd i gorff Javed ar Hydref 8, 2001, yng Ngharchar Canolog Lahore, Pacistan. Honnwyd bod Javed wedi cyflawni hunanladdiad. Ond gwnaed honiad arall iddo gael ei guro i farwolaeth yn y carchar.

Gwneir yr honiad hwn oherwydd bod ei gorff yn hongian o'r bar nenfwd gyda chymorth cynfas gwely. Roedd y dwylo a'r traed wedi troi'n las. Roedd gwaed yn diferu o'r trwyn a'r geg. Roedd dwsinau o greithiau ar gorff y llofrudd cyfresol.

Roedd y marciau hynny fel pe bai wedi cael ei ymosod arno fwy na 100 o weithiau ag arf miniog. Bu farw ei bartner, Sajid Ahmed, oedd yn gysylltiedig â'r drosedd gyda Javed, hefyd yn y carchar yn yr un modd.

Dywedir am Javed Iqbal, pan fu farw, na ddaeth yr un o'i deulu na'i berthnasau i gasglu ei gorff marw. Roedd ei frawd, Parvez Mughal, hyd yn oed wedi dweud ei fod wedi marw drosom o'r diwrnod y cyfaddefodd iddo ladd 100 o blant yn greulon. Mewn sefyllfa o'r fath, beth fyddwn ni'n ei wneud â chorff person sydd eisoes wedi marw?

29. Diogo Alves (Sbaen)

Mae'r corff dynol yn dal i gael ei gadw mewn llawer o wledydd ledled y byd. Gwelir hefyd mewn labordai gwyddoniaeth bod rhai anifeiliaid fel brogaod a nadroedd yn cael eu cadw trwy eu rhoi mewn hydoddiant hylifol fel y gellir eu cadw am flynyddoedd o ddefnydd, ond mae'r stori hon yn ymwneud â phen dynol wedi'i gadw.

Dywedir mai enw'r person hwn yn y jar oedd Diogo Alves, a oedd yn un o laddwyr cyfresol mwyaf peryglus Portiwgal. Mae llawer o straeon yn gyffredin am y llofrudd cyfresol hwn. Mae straeon am ei greulondeb yn dal i fod yn gyffredin yn strydoedd Portiwgal. Mae pobl Portiwgal yn dal i grynu wrth glywed enw'r llofrudd cyfresol enwog hwn, Diogo Alves.

Ganed Diogo Alves yn y flwyddyn 1810 yn Galicia, Sbaen. Pan chwiliodd Diogo Alves am swydd yn 19 oed yn ei dref enedigol, Galicia ar ôl addysg gynradd, dim ond methiant a siom a gafodd. Wedi'i eni i deulu tlawd, crwydrodd Diogo am amser hir i chwilio am waith. O'r diwedd, cyrhaeddodd Lisbon, Portugal, ond yno, hefyd, ni chafodd ddim ond siomedigaeth. Mewn sefyllfa o'r fath, cymerodd y llwybr o droseddu a daeth y llofrudd cyfresol mwyaf ofnus ym Mhortiwgal. Ysbeiliodd y ffermwyr oedd yn gwerthu eu grawn a'u llysiau a'u dychwelyd i gartrefi yn y ddinas.

Roedd Diogo wedi dewis pont i'w wneud ei hun yn ddioddefwr ei drallod, a defnyddiodd i dargedu'r rhai oedd yn mynd heibio. Roedd yn arfer eu dwyn yn gyntaf ac yna rhoi mwgwd dros y dioddefwyr a'u taflu i'r afon o dan 65 metr. Ar y dechrau, roedd yr heddlu'n meddwl bod ffermwyr yn cyflawni hunanladdiad oherwydd cyfyngiadau ariannol, ond ar ôl yr ymchwiliad, daeth yr heddlu i wybod eu bod nhw wedi cael eu llofruddio a'u taflu i'r afon.

Pan ddwysodd yr heddlu eu chwiliad am Diogo, fe ddiflannodd i rywle am dair blynedd ac aros i'r heddlu dawelu. Ond yn y cyfamser, mae wedi creu criw o bobl dlawd fel ef ei hun sy'n gallu gwireddu ei freuddwyd o ysbeilio mawr. Roedd am gyflawni lladrad mawr, felly dechreuodd gyflawni troseddau mawr.

O fewn blwyddyn, roedd Diogo hefyd wedi prynu nifer sylweddol o arfau ac wedi lladd dwsinau o bobl. Un diwrnod, fe wnaeth Diogo, ynghyd â'i gang, ladrata o dŷ meddyg o Lisbon a'i ladd yn greulon, yna cuddio mewn coedwig gyfagos i ddianc rhag yr heddlu.

Daeth yr heddlu i wybod am y digwyddiad ar unwaith, ac felly, roedd yr heddlu'n amau bod Diogo yn cuddio yn rhywle cyfagos. Pan ddaeth yr heddlu i wybod am gang Diogo, nid oedd ei union leoliad yn hysbys. Un diwrnod, yn seiliedig ar wybodaeth gyfrinachol, fe wnaeth yr heddlu arestio'r llofrudd cyfresol ofnus hwnnw o'r diwedd.

Yn ôl adroddiad heddlu Lisbon, ni adawodd Diogo y dioddefwr yn fyw. Roedd yn mwynhau lladd pobl yn greulon. Roedd yn arfer procio'r corff dynol nes iddo roi'r gorau i'w fywyd.

Wedi ymchwiliad i'r achos, canfyddwyd iddo lofruddio yn greulon dros 70 o bobl yn y flwyddyn 1941. Dedfrydwyd ef i farwolaeth am lofruddiaeth greulon dros 70 o bobl.

Pan gafodd Diogo ei grogi, roedd ffrenology yn bwnc poblogaidd ym Mhortiwgal, a gofynnodd rhai gwyddonwyr i'r llys, ar ôl crogi Diego, y dylid rhoi ei ben iddynt. Roedd y gwyddonwyr eisiau darganfod o ble y daeth y creulondeb yn Diego. Gorchmynnodd y llys hefyd, ar ôl hongian Diego, y dylid trosglwyddo ei ben i'r gwyddonwyr. Arweiniodd hyn at gadw pen Diego yn barhaol, sy'n dal i gael ei gadw yn Theatr Anatomegol Cyfadran Meddygaeth Prifysgol Lisbon.

Gellir dadlau mai pen y llofrudd cyfresol yw'r arddangosfa fwyaf brawychus yn y brifysgol, ac mae'n ddiweddglo gwirioneddol i'r llofrudd creulon hwn. Efallai mai ef yw'r unig berson mewn hanes i dderbyn dwy ddedfryd ar wahân: dedfryd o farwolaeth a dedfryd oes ar ôl cael ei ddarganfod mewn jar wedi'i lenwi â hylif.

30. Raman Raghav (India)

Roedd pwysigrwydd Mumbai, India, yn y 1960au. Roedd pobl o bob rhan o'r wlad yn arfer dod yma i chwilio am waith bryd hynny. Y rheswm yw bod pobl yn arfer cael pob math o waith yma. Fodd bynnag, byddai'r rhai nad oedd ganddynt y trefniant i fyw ar rent yn gwneud y llwybr troed yn gartref iddynt. Fodd bynnag, bu'r 1960au yn ddedfryd marwolaeth i'r llafurwyr tlawd a gysgodd ar ochrau Mumbai.

Yn yr amser sydd ohoni, bydd atgofion am Raman Raghav, a adwaenir yn warthus fel y Psycho Killer, yn aneglur ym meddyliau llawer o bobl. Efallai na fydd llawer hyd yn oed yn gwybod amdano, ond yn y 1960au, nid oedd y person hwn yn ddim llai na marwolaeth i'r tlawd.

Roedd y newyddion am lofruddiaethau pobol oedd yn cysgu ar y palmant ym Mumbai yn ystod 1965-66 wedi syfrdanu pawb. Nid oedd yr heddlu ychwaith yn ymwybodol, wedi'r cyfan, mai ef oedd yn gwneud yr anghenus yn ysglyfaeth yn nhywyllwch y nos. Defnyddiwyd yr un dull o lofruddiaeth yn y rhan fwyaf o lofruddiaethau nos, lle cafodd pobl eu taro ar eu pen â gwrthrychau trwm.

O fewn blwyddyn, bu ymosodiadau marwol ar tua dwsin a hanner o bobl, a lladdwyd naw o bobl. Ar yr un pryd, roedd y cyhoedd, gan gynnwys Heddlu Mumbai, hefyd wedi'u synnu gan na chafodd yr ymosodwr anhysbys hwn ei ddal. Roedd pobl yn arfer dychwelyd i'w cartrefi gyda'r nos. Dechreuodd pobl gario ffyn i amddiffyn eu hunain yn ystod y cyfnod hwnnw. Ar gyfer y flwyddyn nesaf, fodd bynnag, roedd bwlch yn yr achosion hyn. Roedd oes y llofruddiaethau wedi dechrau unwaith yn rhagor, ond roedd y lleoliadau trosedd yn wahanol ym mhob un ohonynt.

Llofruddiodd Raman Raghav dros 40 o bobl mewn 3 blynedd. Roedd yr holl lofruddiaethau heb unrhyw gymhelliad penodol. Yn union fel hynny. i dorri ei syched llofruddiol.

Roedd holl ddioddefwyr Raman yn dlawd, ac roedd y rhan fwyaf ohonynt yn cysgu ar y palmant, ac ati. Yn aml, bu farw llawer o bobl wrth gysgu yn y slymiau. Ni adawodd Raman unrhyw un ar ôl - dynion, menywod, a hyd yn oed plant. Beth bynnag a ddaeth i'r amlwg, roedd Raman yn arfer ysgrifennu pennod olaf ei stori. Digwyddodd yr holl lofruddiaethau hyn yn ardaloedd maestrefol gogleddol Bombay.

Cafodd yr holl ddioddefwyr eu lladd wrth gysgu yn y nos. Roedd y dull o guro yn arswydus ac yr un fath bob amser - ergyd i'r pen gyda gwrthrych trwm, miniog. Gan na ddaliwyd Raman bryd hynny, a bod y gyfres o dywallt gwaed y naill ar ôl y llall yn newydd, cododd sibrydion mai gwyrth o bŵer mawr oedd y cyfan. Mae "superpower" yn golygu rhywbeth y tu allan i'r byd hwn. Nid yw ychwaith yn bŵer o'r fath, un sy'n cymryd ffurf cath neu barot. Mae rhai yn ei alw'n ddyn swil sy'n ei guddio'i hun fel anifail ofnus. Byddai rhai yn dweud ei fod fel ysbryd yn hongian o goeden.

Yn ystod hafoc Raman, tua 2000, ac weithiau, hyd yn oed yn fwy, roedd plismyn yn patrolio'r ddinas bob nos. Erbyn yr hwyr, dechreuodd y ffyrdd wagio. Erbyn iddi nosi, byddai pobl eu hunain yn dod allan ar y strydoedd gyda ffyn ac arfau yn eu dwylo. Digwyddodd i lawer o gardotwyr diniwed a phobl ddigartref sy'n gweithio ddod yn ddioddefwyr y dorf dan amheuaeth. Fodd bynnag, parhaodd Raman Raghav i gyflawni ei sgandalau mewn meysydd eraill.

Yn ôl yr amserlen, digwyddodd y llofruddiaeth mewn dwy ran. Roedd y rhan gyntaf yn ymwneud â'r blynyddoedd 1965–66. Yn yr hwn yr ymosododd ar gyfanswm o 19 o bobl. O'r 19 hyn, bu farw 9 o bobl. Yn ystod hyn, roedd yr heddlu eisoes wedi dal Raman, ond ni ddaethpwyd o hyd i unrhyw gliw yn ei erbyn, a chafodd ei ryddhau. Daeth yr heddlu i wybod bod ei ffeil eisoes gyda nhw. Roedd Raman unwaith wedi treulio pum mlynedd yn y carchar. Treisiodd ei chwaer a'i thrywanu i farwolaeth sawl gwaith.

Digwyddodd yr ail ran yn y flwyddyn 1968. Ar Awst 27, eleni, cydnabu is-arolygydd o'r enw Alex Fialho ef o frasluniau yn seiliedig ar ddisgrifiadau a roddwyd gan ei oroeswyr ymosodiad. Cafodd ei arestio. Datgelodd ymholiadau ac ymchwiliadau cychwynnol fod ganddo lawer o enwau. Ei enwau oedd Sindhi, Dalwai, Talwai, Anna, Thambi, a Veluswami.

Dechreuodd Ramakant Kulkarni, a ddaeth yn bennaeth newydd y Gangen Troseddau, ymchwilio i'r lladd cyfresol hwn a ddechreuodd ym 1965. Ar Awst 27, 1968, cafodd Raman Raghav ei ddal oddi tano.

Ni chafwyd unrhyw wybodaeth am orffennol Raman Raghav. Yn ôl adroddiadau'r cyfnod hwnnw, Tamil Brahmin oedd Raman Raghav. Yr oedd yn ddyn o daldra a chyfrwy cryf. Prin oedd ei addysg ac roedd yn ddigartref. Dywedir iddo dreulio llawer o'i amser yng nghoedwig Pune.

Ar adeg ei arestio, darganfuwyd sbectol, dau grib, siswrn, ffon arogldarth, sebon, garlleg, dail te, a dau bapur yn dwyn rhai marciau mathemategol arno. Cafwyd hyd i staeniau gwaed ar ei grys a'i bants khaki. Cafodd Raman Raghav ei adnabod fel y llofrudd gan ei olion bysedd.

Ceir hefyd stori ryfedd ond doniol iawn am ei gyffes o'i euogrwydd. Am y ddau ddiwrnod cyntaf, ni ddywedodd Raman Raghav unrhyw beth o flaen yr heddlu. Yn sydyn, ar y trydydd dydd, agorodd ei enau. Pan ofynnwyd iddo a oedd angen unrhyw beth arno, "Cyw iâr."

Ei ateb oedd Ar ôl bwyta stumog llawn, gofynnwyd iddo eto a oedd angen unrhyw beth arall arno. Dywedodd ei fod eisiau bwyta mwy o gyw iâr.

Yna dywedodd fod angen gwasanaeth putain arno i gael rhyw. Yna dywedodd, gan na fyddai'n cael hyn i gyd yn y clo, ei fod yn mynnu olew gwallt, crib, a drych. Rhoddwyd popeth iddo.

Ar ôl cael hyn, gosododd olew cnau coco ar hyd ei gorff. Wrth gymhwyso'r olew, roedd yn edmygu persawr yr olew. Cribo ei wallt ac edrych ar ei wyneb yn y drych. Wedi hynny, ei dro ef oedd gofyn cwestiynau. Gofynnodd beth oedd y plismyn yn ei ddisgwyl ganddo. Gofynnodd yr heddlu iddo gael gwybod am y llofruddiaeth. Ac yna aeth â'r heddlu gydag ef i'r llwyni lle'r oedd wedi cuddio ei arfau i gyd. Roedd ei arfau yn cynnwys crowbar, cyllell, a rhai offer eraill.

Wedi hyn, yn ei gyffes, efe a addefodd ladd 41 o bobl. Er bod yr heddlu'n dweud ei fod wedi lladd mwy o bobl,

Pan gafodd Raman Raghav ei brawf yn y llys, dywedodd cyfreithiwr yr amddiffyniad nad oedd yn feddyliol gadarn. Dywedodd hefyd, tra'n cyflawni'r llofruddiaeth, ei fod yn gwybod beth roedd yn ei wneud ond nad oedd yn gwybod beth fyddai'r canlyniad a bod ei weithredoedd yn erbyn y gyfraith. Oherwydd hyn, anfonwyd ef at feddyg yr heddlu, lle bu'n aros am tua mis. Yn ôl adroddiad y meddyg, roedd meddwl Raman yn berffaith iawn ac nid oedd yn wallgof mewn unrhyw ffordd. O leiaf ddim yn seiliedig o gwbl ar archwiliad meddygol.

Cafodd Raman ei ddedfrydu i farwolaeth a gwrthododd apelio. Cyn cadarnhau'r ddedfryd, gofynnodd Uchel Lys Mumbai i Lawfeddyg Cyffredinol Mumbai ffurfio tîm o dri seicolegydd a phenderfynu a oedd Raman yn wallgof ai peidio. Hefyd, os nad oedd ei gyflwr meddwl yn dda, yna yn y cyflwr hwnnw gallai amddiffyn ei hun yn y llys ai peidio.

Cynhaliodd y tîm hwn o seicolegwyr bum cyfweliad gyda Raman. Roedd y cyfweliadau hyn i gyd yn 2-4 awr o hyd. Rhai o'r pethau a ddaeth i'r amlwg yn ystod hyn oedd—

• Yn ol ef, yr oedd dau fyd. Un yr oedd y gyfraith yn byw ynddi. A'r llall, y mae pawb arall yn byw ynddo.

• Credai fod rhai pobl yn ceisio newid ei ryw. Nid oeddent yn gallu llwyddo, fodd bynnag, oherwydd ef oedd llefarydd y gyfraith.

• Credai hefyd ei fod yn symbol o bŵer.

• Teimlai hefyd fod llawer o bobl eisiau ei wneud yn gyfunrywiol trwy roi iddo'r atyniad o gyfunrywioldeb. Ac os syrth efe i'w trap hwy, efe a ddaw yn wraig.

• Credai hefyd y byddai rhyw gyfunrywiol yn ei drawsnewid yn fenyw.

• Daliodd ati i fynnu trwy gydol y sgwrs ei fod yn 100 y cant yn
"wrywaidd." Ailadroddodd hyn dro ar ôl tro.

• Roedd yn argyhoeddedig bod y llywodraeth wedi ei wahodd i
Bombay i ddwyn a hefyd ei gael i wneud pethau anghyfreithlon.

• Yn ôl iddo, roedd tair llywodraeth yn y wlad: llywodraeth Akbar,
llywodraeth Prydain, a llywodraeth y Gyngres. Ac yr oedd yr holl
lywodraethau hyn yn cynllwyn yn ei erbyn ac yn ei ddenu i gyflawni
troseddau.

Cafodd dedfryd Raman Raghav ei lleihau i garchar am oes yn lle'r
ddedfryd marwolaeth. Mae hynny oherwydd bod seicolegwyr wedi
datgan ei fod yn sâl yn feddyliol. Cafodd ei anfon i Yerwada Jail yn
Pune, lle cafodd driniaeth yn y Sefydliad Canolog Iechyd Meddwl ac
Ymchwil. Bu farw Raghav o glefyd yr arennau ar Ebrill 7, 1995, yn
Ysbyty Sassoon, Pune.

31. Moses Sithole (De Affrica)

Yn y 1990au, cyflawnodd llofrudd cyfresol gyfres o lofruddiaethau, gan achosi panig ledled y wlad yn Ne Affrica, gan nad oedd gan y wlad unrhyw hanes blaenorol o ladd cyfresol. Buan iawn y daeth natur erchyll y troseddau yn fater o ddiogelwch cenedlaethol, ac wedi hynny traddododd cyn-Arlywydd diweddar De Affrica, dan arweiniad Nelson Mandela, araith genedlaethol yn annog y cyhoedd yn Ne Affrica i helpu'r heddlu i ddod o hyd i'r llofrudd.

Rhwng Gorffennaf 16eg, 1994, a Thachwedd 6ed, 1995, treisiodd llofrudd cyfresol o'r enw Moses Sithole o leiaf ddeugain o ferched yn greulon a lladd tri deg wyth ohonyn nhw. Denodd y merched i'w rwyd trwy eu denu i gyflogaeth, yna aeth â nhw i ardal anghyfannedd, eu treisio, a'u lladd trwy eu tagu â'u dillad isaf.

Ganed Moses Sithole ar 17 Tachwedd, 1964, yn Vosluras, Talaith Transvaal, De Affrica i Simon a Sophie Moses Sithole. Roedd ei blentyndod yn anodd iawn. Fel llawer o bobl dduon o Dde Affrica yn y cyfnod apartheid, roedd ei deulu'n eithriadol o dlawd, a gwaethygodd pethau pan fu farw ei dad, Simon Moses Sithole. Nid oedd ei fam yn gallu gofalu amdano ef a'i bedwar brawd a chwaer a dewisodd gefnu ar y plant yn yr orsaf heddlu leol. Arweiniodd hyn at Moses Sithole yn byw mewn gwahanol gartrefi plant amddifad ledled y wlad, lle cafodd ei gam-drin. Cafodd Moses Sithole hefyd ei arestio am dreisio yn ei arddegau a threuliodd saith mlynedd yn y carchar.

Er gwaethaf ei blentyndod anodd, tyfodd Moses Sithole i fod yn ddyn golygus a swynol. Mae ei edrychiad da a'i swyn yn ei gwneud yn hawdd iddo ddenu ei ysglyfaeth.

Roedd Moses Sithole yn ŵr bonheddig i'r rhai o'i gwmpas. Ar adeg y drosedd ei hun, roedd yn rhedeg sefydliad cregyn, Youth Against Human Abuse, yn ôl pob golwg yn ymroddedig i ddileu cam-drin plant.

Erbyn y flwyddyn 1995, roedd wedi lladd mwy na deg ar hugain o fenywod. Nid yn unig hyn ond yn nes ymlaen, roedd hefyd yn arfer galw teuluoedd y dioddefwyr i'w gwawdio a'u harteithio. Roedd Moses Sithole yn targedu merched du rhwng 19 a 45 oed yn bennaf. Ar esgus cyfweliadau, byddai Moses yn mynd â dioddefwyr i gaeau anghysbell, lle byddai'n eu curo, eu treisio, a'u llofruddio.

Cafodd ei garchariad cyntaf yn 1989 pan gafwyd ef yn euog o dreisio merch o'r enw Bayiswa Swakamisa. Yn ystod yr achos, cadwodd Moses Sithole ei ddiniweidrwydd. Er iddo gael ei ddedfrydu i chwe blynedd yn y carchar, cafodd ei ryddhau'n gynnar oherwydd ei ymddygiad da.

Ond ni pharhaodd hyn yn hir ac yn fuan ar ôl iddo gael ei ryddhau o'r carchar, ym 1994, fe gyflawnodd dreisio eto a'r tro hwn hyd yn oed ladd y dioddefwr, y mae'n debyg iddo ddysgu o'i gamgymeriad blaenorol o adael ei ddioddefwr yn fyw.

Roedd Moses Sithole yn ddyn oer a pigog iawn, felly roedd yn anodd iawn deall pam y gwnaeth yr hyn a wnaeth. Rhwng Gorffennaf 16eg, 1994, a Thachwedd 6ed, 1995, lladdodd Moses Sithole o leiaf 38 o bobl. Cafwyd Moses Sithole yn euog o 40 cyhuddiad o dreisio a 38 cyhuddiad o lofruddiaeth. Er iddo bledio'n ddieuog, roedd y dystiolaeth yn ei erbyn yn aruthrol. Yn y diwedd fe'i cafwyd yn euog o bob cyhuddiad o dreisio a llofruddio.

Esboniodd ei droseddau trwy ddweud bod yr holl ferched a laddodd yn ei atgoffa o'r merched oedd wedi ei gyhuddo ar gam o dreisio flynyddoedd ynghynt.

Ar 5 Rhagfyr, 1997, dedfrydwyd Moses Sithole i 50 mlynedd o garchar am bob un o'r 38 llofruddiaeth, deuddeg mlynedd o garchar am bob un o'r 40 o achosion o dreisio, a phum mlynedd o garchar am bob un o'r chwe lladrad. Felly, cyfanswm y gosb effeithiol yw 2,410 o flynyddoedd. Gorchmynnodd yr Ustus David Carstairs fod yn rhaid i Moses Sithole dreulio o leiaf 930 o flynyddoedd yn y carchar cyn bod yn gymwys i gael parôl. Dywedodd y barnwr hefyd pe na bai'r gosb eithaf wedi'i diddymu, byddai wedi bod yn gosb fwy priodol.

32. Edmund Emil Kemper (Unol Daleithiau)

Rydym yn cael goosebumps pan fyddwn yn clywed am yr achosion o ladd cyfresol. Mae'r llofrudd cyfresol hwn wedi croesi holl derfynau creulondeb. Dyma stori Edmund Emil Kemper, llofrudd cyfresol drwg-enwog sy'n byw yn Burbank, California.

Cyhuddwyd Edmund Emil Kemper o ladd wyth i ddeg o bobl. Roedd y rhan fwyaf ohonynt yn cynnwys aelodau o'i deulu ei hun. Nid dim ond i lofruddiaeth y stopiodd Edmund. Roedd gan Edmund hefyd gysylltiadau corfforol â'r corff marw ar ôl cael ei lofruddio'n greulon.

Lladdodd y llofrudd cyfresol hwn ei neiniau a theidiau yn ddim ond 15 oed. Rhwng 1972 a 1973, lladdodd Edmund chwe merch, dwy ohonynt yn fyfyrwyr coleg. Lladdodd y llofrudd cyfresol hwn ei fam a ffrind iddi ddiwethaf.

Wedi'i eni ar Ragfyr 18, 1948, yn Burbank, California, roedd y llofrudd cyfresol Edmund Kemper yn arfer treisio merched yn gyntaf ac yna'n eu lladd yn greulon trwy eu taro ar y pen â morthwyl. Hyd yn oed pe na bai'n fodlon â hyn, byddai'n codi ei chorff marw ac yn mynd ag ef adref, lle byddai ganddo berthynas gorfforol ag ef. Daeth y llofrudd cyfresol hwn yn enwog fel y "llofrudd cyd-olygol," gan fod y rhan fwyaf o'i ddioddefwyr yn fyfyrwyr coleg. Yn ystod y daith, arferai dargedu hitchhikers benywaidd ifanc, eu denu i'w gerbyd, a mynd â nhw i ardaloedd diarffordd.

Roedd triniaeth greulon yn rhan annatod o fywyd Edmund Emil Kemper o'r cychwyn cyntaf. Rhwng 6 a 7 oed, dangosodd ymddygiad gwrthgymdeithasol, megis creulondeb i anifeiliaid. Yn 10 oed, claddodd ei chath anwes yn fyw. Pan fu farw, torrodd ei ben i ffwrdd a'i forthwylio â hoelen i foncyff y goeden. Roedd hyd yn oed yn trin dol ei chwaer iau fel cath.

Unwaith yn ystod plentyndod, fe geisiodd hyd yn oed cusanu ei athro ysgol. Roedd hefyd yn arfer gwylio'r merched yn llechwraidd o'r ffenestri.

"Siambr Nwy" a "Cadair Drydan" oedd rhai o'i hoff gemau fel plentyn, lle clymodd ei chwaer iau a phwyso switsh dychmygol. Yna byddai'n cwympo ac yn gorwedd ar y llawr, gan gymryd arno ei fod yn cael trafferth anadlu'r nwy neu'n cael ei ladd gan sioc drydanol.

Yn blentyn, cafodd hefyd brofiadau bron â marw: unwaith iddo ddianc o drwch blewyn o gael ei daro gan drên, ac unwaith prin y goroesodd mewn pwll nofio dwfn.

Roedd gan Kemper berthynas agos â'i dad, a rhwygwyd y teulu yn ddarnau ym 1957 pan wahanodd ei rieni, Clarenell Elizabeth Kemper ac Edmund Emil Kemper Jr. Aeth ymlaen i fyw gyda'i fam, Clarenell Elizabeth Kemper. Cafodd ei mam berthynas ag alcoholig niwrotig, gormesol. Byddai'n bychanu ac yn cam-drin ei fam yn aml. Roedd ei dad hefyd wedi ailbriodi.

Roedd Clarenell Elizabeth Kemper yn ymwybodol o weithredoedd ei mab ac yn aml yn ei roi i gysgu mewn seler gaeedig oherwydd ei bod yn ofni y byddai'n niweidio ei chwiorydd.

Roedd cerflun Kemper hefyd yn hynod o fawr. Roedd yn gwneud hwyl am ei ben na fyddai unrhyw ferch byth yn ei garu. Roedd yn 6 troedfedd 4 modfedd o daldra yn 15 oed.

Symudodd Edmund Kemper i mewn gyda'i nain a'i nain yn 15 oed. Yn y cyfamser, ar Awst 27, 1964, yn 15 oed, saethodd Kemper ei nain gyda reiffl. Pan ddychwelodd ei thaid, Edmund Emil Kemper, o siopa groser, aeth Kemper allan a'i saethu wrth iddo ddod allan o'r car.

Roedd yn ansicr beth i'w wneud nesaf, felly fe ffoniodd ei fam, a ddywedodd wrtho am gysylltu â'r heddlu lleol. Galwodd Kemper yr heddlu.

Mae seiciatryddion yn galw troseddau Kemper yn annealladwy i ddyn 15 oed ac yn ei drin fel sgitsoffrenig paranoiaidd. Ar ôl ei arestio, meddai Kemper, roedd yn well cael dynes wedi'i threisio a'i lladd na gadael tystion.

Tra'n byw gyda'i fam, mynychodd Kemper ei choleg cymunedol ac roedd yn gobeithio dod yn heddwas, er na allai gael swydd oherwydd ei faint. Bryd hynny, roedd Kemper yn 6 troedfedd 9 modfedd o daldra.

Bu Kemper yn gweithio i Adran Priffyrdd Talaith California (a elwir bellach yn Adran Drafnidiaeth California). Yn ystod y cyfnod hwn, parhaodd ei berthynas â'i fam, Clarnell, yn wenwynig a gelyniaethus, gyda dadleuon mynych rhwng y ddau. Pan oedd wedi cynilo digon o arian, symudodd Kemper i fyw gyda ffrind yn Alameda, California.

Yn 1969, prynodd gar Ford Galaxy. Yn ystod y cyfnod hwn, gwelodd fod nifer fawr o ferched yn gofyn am lifftiau ar y ffordd. Yna dechreuodd storio bagiau plastig, cyllyll, blancedi, a gefynnau yn ei gar. Yna dechreuodd roi lifftiau i'r merched. Yn ôl Kemper, rhoddodd lifftiau i tua 150 o ferched, ond dim ond y rhai y teimlai awydd rhywiol gyda nhw wrth eu gweld. Roedd yn arfer cael cyfathrach ddychmygol â nhw.

Wedi hyny, cynyddodd ei wroldeb. Llofruddiodd Kemper wyth o bobl rhwng Mai 1972 ac Ebrill 1973. Byddai'n rhoi lifftiau i fyfyrwyr benywaidd a gafodd eu treisio, eu saethu, eu trywanu, eu tagu, neu hollti eu gyddfau. Yna byddai'n mynd â'u cyrff yn ôl i'w gartref, yn cael rhyw gyda'r cyrff, yn eu torri'n ddarnau, ac yn cael gwared arnynt.

Ar 7 Mai, 1972, eisteddodd Kemper ddwy ferch 18 oed yn Berkeley, California, i roi lifft iddynt i Brifysgol Stanford.

Ar ôl gyrru am awr, cyrhaeddodd ardal goediog anghyfannedd ger Alameda, California. Yno fe wnaeth gefynnau merch o'r enw Paes a chloi Luchesa mewn blwch a adeiladwyd yn gyfrinachol yn y car, yna trywanu a thagu Paes i farwolaeth, gan ladd Luchesa yn yr un modd yn ddiweddarach.

Cyfaddefodd Kemper yn ddiweddarach, wrth roi gefynnau Paes, iddo hyd yn oed ddweud, "O, mae'n ddrwg gen i" wrth dynnu un o'i bronnau.

Gosododd Kemper gyrff y ddwy ddynes ym mlychau ei Ford Galaxy. Ar y ffordd, stopiodd heddwas y car pan dorrodd ei gynffon, ond ni allai'r swyddog ddod o hyd i'r cyrff yn y car.

Nid oedd cyd-letywr Kemper gartref, felly aeth â'r cyrff i'w fflat, lle tynnodd ffotograff ohonynt a chael rhyw gyda nhw cyn datgymalu'r cyrff noeth. Yna cafodd rhannau'r corff eu stwffio i fagiau plastig a'u taflu i'r goedwig.

Ar noson Medi 14, 1972, llusgodd Kemper Aiko, myfyriwr 15 oed, i'w gar. Cafodd ofn gyda gwn yn y goedwig, ei threisio, ac yna ei lladd. Yna paciodd ei gorff mewn bocs ac aeth i far cyfagos i yfed cwrw cyn dychwelyd i'w fflat. Yn ei fflat, cafodd ryw gyda'r corff ac yna ei waredu fel o'r blaen.

Ar Ionawr 7, 1973, cododd Kemper Cynthia, 18 oed, o gampws Coleg Cabrillo a'i gyrru i'r goedwig, lle cafodd ei saethu â phistol calibr pwynt 22. Rhoddodd ei gorff yn y car a gyrru adref, lle cuddiodd ei gorff mewn cell yn ei ystafell am y noson gyfan. Y bore wedyn, pan adawodd ei ffrind i weithio, cafodd ryw gyda hi a chadw pen y corff yn ddi-ben am rai dyddiau, gan ei molestio.

Ar Chwefror 5, 1973, aeth Kemper i hela eto. Gydag amheuaeth uchel o lofrudd cyfresol myfyriwr benywaidd yn ardal Santa Cruz, cynghorwyd myfyrwyr benywaidd i dderbyn reidiau mewn ceir gyda sticeri prifysgol yn unig.

Cafodd Kemper sticer o'r fath yn hawdd gan Brifysgol California, Santa Cruz, gan fod ei fam yn gweithio yno.

Y tro hwn ar gampws Prifysgol California, Santa Cruz, fe roddodd lifft yn felys i Rosalind Heather, 23 oed ac Alice Helen, 20 oed. Kemper hefyd a'u lladdodd. Torrodd y pen iddynt, taflu eu pennau i'r coed, a mynd â gweddill y cyrff adref. Yma cafodd gyfathrach rywiol â chorffluoedd di-ben.

Pan ofynnwyd iddo mewn cyfweliad pam y torrodd ei ben ei hun i'w ddioddefwyr, esboniodd: "Mae pobl yn dweud 'wedi'u dienyddio ac mae'r corff yn marw, yna dim byd ar ôl.' I wrthbrofi ei ddamcaniaeth fod gan ferch heb ben lawer ar ôl yn ei chorff."

Cyrhaeddodd Kemper gartref ei fam ar Ebrill 20, 1973. Buont yn ymladd dros y ffôn yn ystod y dydd. Lladdodd ei fam 52 oed, Clarenell Elizabeth, trwy hollti ei gwddf â chyllell tra roedd hi'n cysgu. Yna gosododd ei ben wedi'i dorri ar silff a gweiddi arni am awr, gan daflu dartiau ati ac yn y diwedd malu ei hwyneb â morthwyl.

Dywedodd Kemper yn ddiweddarach, "Mae'n deg iddo. Am gynifer o flynyddoedd, roedd hi'n gweiddi arnaf fel ast."

Yna cuddiodd Kemper gorff ei fam yn y tŷ ac aeth i far cyfagos i yfed.

Y diwrnod wedyn, gwahoddodd ffrind gorau ei fam, Sarah Taylor Hallett, 59 oed, i ginio gartref. Daguodd Kemper Hallett i farwolaeth cystal ag y daeth. Yna ffodd Kemper o'r olygfa.

Gan barhau i yrru'r car, cyrhaeddodd Pueblo, Colorado, 1600 km i ffwrdd. Ar ôl clywed dim newyddion ar y radio am lofruddiaethau ei fam a Hallett yn Pueblo, fe ffoniodd yr heddlu o fwth ffôn. Mae'n cyffesu i lofruddiaethau ei fam a Hallett, ond nid yw'r heddlu'n cymryd ei alwadau o ddifrif ac yn gofyn iddo ffonio'n ôl yn ddiweddarach. Sawl awr yn ddiweddarach, cyfaddefodd Kemper eto i'r llofruddiaeth trwy siarad â heddwas yr oedd yn ei adnabod, ac yna aros i'r heddlu gyrraedd.

Yn ddiweddarach, pan ofynnwyd i chi mewn cyfweliad, "Beth achosodd eich newid calon? Pam wnaethoch chi newid eich ymddangosiad?"

Felly dywedodd Kemper, "Gorchfygwyd y pwrpas gwreiddiol." Nid oedd yn ateb unrhyw ddiben corfforol, real nac emosiynol. Dim ond gwastraff amser ydoedd. Yn emosiynol, ni allwn ei drin mwyach. Pan ddechreuais i deimlo'n dwp ac wedi blino'n lân o'r diwedd, ar fin cwympo, dywedais "Fuck it" a'i shrugged i ffwrdd."

Yn achos llys 1973, cafwyd Kemper, 24 oed, yn euog o wyth llofruddiaeth. Yn y cyfamser, ceisiodd Kemper gyflawni hunanladdiad ddwywaith tra yn y ddalfa. Datganwyd bod Kemper yn gall yn gyfreithiol gan dri seiciatrydd a benodwyd gan y llys. Dywedodd un o'r seiciatryddion, Dr Forte, wrth y llys fod Kemper hefyd wedi cyflawni canibaliaeth. Torrodd gig o draed ei ddioddefwyr, ac yna coginio a bwyta'r stribedi hyn o gig gyda reis. Cyfaddefodd Kemper yn ddiweddarach i ganibaliaeth. Gofynnodd Kemper am y gosb eithaf yn gyfnewid am ei droseddau. Cafodd y gosb eithaf ei hatal yng Nghaliffornia ar y pryd, ac yn lle hynny, cafodd pobl wyth dedfryd oes ar yr un pryd. Mae'r llofrudd cyfresol 73 oed, Edmund Emil Kemper, ar hyn o bryd yn bwrw dedfryd oes mewn carchar yng Nghaliffornia.

33. Yvan Keller (Ffrainc)

Mae Yvan Keller yn un o'r lladdwyr cyfresol mwyaf brawychus y gwyddys amdano yn Ffrainc ac fe'i gelwid yn warthus fel "The Pillow Killer" oherwydd ei fod yn arfer taro pobl â chlustogau. Ganed llofrudd cyfresol Ffrainc, Yvan Keller ar 13 Rhagfyr, 1960, yn Wittenheim, Haut-Rhin, Ffrainc. Dywedir iddo gyfaddef mwy na 150 o lofruddiaethau mewn sawl gwlad rhwng 1989 a 2006.

Yn wreiddiol o deulu crwydrol, ymsefydlodd ei dad yn Rue du Bourg a gweithio yno fel labrwr mewn pwll potash i gynnal ei wyth o blant.

Roedd Yvan Keller yn berson treisgar, garw, a chreulon o'r dechrau. Yn ifanc, dechreuodd gyflawni mân lladradau ar gais ei dad i gyfrannu at anghenion y teulu. Yn raddol trodd yr arferiad hwn o ddwyn yn lladrad.

Unwaith, cafodd ei frawd ei losgi'n wael wrth geisio dwyn cebl trydan copr foltedd uchel.

Yn 17 oed, lladrataodd Yvan Keller rai delwyr hen bethau yn siopau Wittenheim. Ar wybodaeth, fe wnaeth yr heddlu ei arestio. Daeth yr heddlu o hyd i'r eitemau oedd wedi'u dwyn o'i dŷ.

Safodd Keller am ladrata gyda thrais a'i ddedfrydu i 10 mlynedd yn y carchar.

Ym 1989, yn 29 oed, rhyddhawyd Yvan Keller a'i symud i Mulhouse ar Rue de Verdun i fyw. Roedd yn lle tawel i ffwrdd o ganol y ddinas. Wrth aros yma, dechreuodd weithio fel garddwr a dechreuodd ei gwmni bach ei hun. Gan gymryd ei fan, teithiodd o gwmpas y ddinas a chynnig ei wasanaethau garddio - yn enwedig i'r henoed unig.

Roedd ei gwsmeriaid yn fodlon ar ei waith rhagorol, felly yn fuan dechreuodd ei waith. Parhaodd ei fusnes i dyfu. Er gwaethaf yr arian, roedd Yvan Keller yn byw bywyd cymedrol. Roedd yn gyfeillgar iawn tuag at ei gwsmeriaid a'i gymdogion a dangosodd dosturi mawr tuag at anifeiliaid. Aeth yn ei flaen a helpu eraill pan oedd angen. Aeth hefyd i'r eglwys fel rheol.

Ond mewn gwirionedd, wyneb ffug Yvan Keller ydoedd. Roedd yn arfer cael llawer o hwyl yn mynd allan ar y penwythnosau. Byddai'n bwyta ac yfed mewn bwytai moethus, yn gwario llawer ar deithio i Loegr, ac yn peidio ag oedi cyn gwario 1,500 ewro y noson yn gamblo mewn casinos a hyd at 8,000 ewro ar drac rasio ceffyl mewn rasio ceffylau ym Mharis. Ac nid oedd yn oedi cyn defnyddio ei gyd-chwaraewyr i wneud hyn i gyd. Gorfodwyd ei wraig flaenorol, Marina, i buteindra gan Evan Keller, a defnyddiodd yr arian a enillwyd i gyflawni ei ddymuniadau.

Ym 1991, galwodd dwy chwaer wyth deg oed o Sausheim, Haut-Rhin, Alice, a Helen ar Yvan Keller i gadw eu gardd yn brydferth. Oriau ar ôl i Yvan Keller ddychwelyd, sylwodd y ddwy chwaer fod 45,000 ewro wedi diflannu o gypyrddau eu tŷ. Galwodd Helen yr heddlu. Gwysiwyd Keller, holwyd ef, a gollyngwyd ef. Cafwyd hyd i un o'r chwiorydd, Alice, yn farw o fygu yn ei chwsg rywbryd yn ddiweddarach.

Cafwyd hyd i Mary Louise yn farw ar Ragfyr 21, 1991. Roedd Yvan Keller wedi gwneud rhai pethau rhyfedd yn ei dŷ. Datganodd y meddyg fod eu marwolaethau yn naturiol.

Ym mis Ionawr 1994, cafwyd hyd i Marie Winterholer, un o drigolion Rue Basse yn Bernhaupt-le-Haut, yn farw yn ei gwely. Daeth y meddyg a alwyd i'r lleoliad i'r casgliad yn y diwedd ei fod yn farwolaeth naturiol.

Pan gyrhaeddodd Jermaine Mange brif ddrws ei dŷ ym mis Mawrth 1994, cafodd sioc o ddod o hyd i'r drws agored. Wrth ddringo'r grisiau, cyrhaeddodd lawr cyntaf yr ystafell wely pan ddaethpwyd o hyd i'w fam 86 oed, Ernestine, yn gorwedd yn farw ar y gwely. Synodd Jermaine fod y ddalen a'r blanced yn syth, heb unrhyw blygiadau, fel pe baent newydd gael eu gosod. Anwybyddwyd y farwolaeth hon hefyd fel o'r blaen.

Ar Ebrill 27, 1994, cafwyd hyd i ddynes arall o'r enw Augusta Wasmer, 77, yn farw o dan yr un amgylchiadau amheus. Dywedodd y meddyg wrth ei ferch, Marie-François Rochlin, ei bod wedi marw'n naturiol o drawiad ar y galon "allan o ofn y tu hwnt i'r terfynau".

Ychydig ddyddiau'n ddiweddarach, darganfu Marie-François Rochlin fod cerdyn banc ei mam ar goll. O gyfriflenni banc, dysgodd fod y cerdyn wedi'i ddefnyddio dair gwaith ers marwolaeth y fam, ond nid oedd yr heddlu'n amau Yvan Keller, garddwr ei hen fam, ond yn hytrach aelodau'r cartref.

Ar Chwefror 12, 1995, tro Madeleine 79 oed oedd hi, a gafodd ei chanfod yn farw yn Eschau. Roedd hefyd yn farwolaeth naturiol - o drawiad ar y galon.

Daw gêm Yvan Keller i ben pan fydd ei frawd Pierre ac un o'i hysbyswyr, François de Niccol, yn dechrau ffrae ynghylch rhannu arian a llofruddiaethau diangen.

Roedd François de Niccol yn ffrind plentyndod i Yvan Keller. Bu'n gweithio fel hysbyswr i Yvan Keller. Fel y dywedodd wrth yr heddlu, roedd yn arfer hysbysu Yavan am y tai yr oedd yn gwybod oedd ag arian ac roedd yr henoed yn byw ar eu pen eu hunain. Yn ôl iddo, nid oedd erioed o blaid eu lladd.

Arestiwyd Yvan Keller ym mis Medi 2006 ar dystiolaeth François De Niccol a brawd Yvan Keller Pierre.

Tra yn nalfa'r heddlu yng Nghangen Heddlu Barnwrol Gorsaf Heddlu Mulhouse, cyfaddefodd Yvan Keller i 23 o lofruddiaethau a hyd yn oed cyfaddef iddo ladd 150 o bobl, bob amser yn yr un modd. Cyfaddefodd Yvan Keller hefyd i lofruddiaethau mewn rhanbarthau a gwledydd sy'n ffinio â'r Haut-Rhine, megis Bas-Rhin, y Swistir, a'r Almaen.

Byddai'n mynd i mewn i gartrefi ei ddioddefwyr yn y nos, yn eu tagu â chlustogau neu hancesi ar eu gwelyau, neu'n eu rhoi i farwolaeth trwy stwffio cadachau yn eu cegau a gwasgu eu trwynau. ac yna'n cael ei ddefnyddio i ddwyn eu pethau gwerthfawr fel arian, gemwaith, paentiadau, ac ati. Cyn dianc, roedd Yvan Keller yn ofalus iawn i roi'r dalennau a'r blancedi yn ôl fel ei fod yn edrych fel marwolaeth naturiol.

Ym mis Medi 2006, ymddangosodd Yvan Keller gerbron y Tribunal de Grande Instance yn Mulhouse. Ond fe wnaeth grynu ar y meddwl o dreulio bywyd yn y carchar a chyflawni hunanladdiad ar Fedi 22, 2006, trwy grogi ei hun yng ngharchar y llys.

34. Juan Fernando Hermosa Suarez (Ecwador)

Juan Fernando Hermosa Suarez oedd y llofrudd cyfresol ieuengaf a mwyaf peryglus yn hanes Ecwador, gyda chorff main a llygaid chwyddedig, dirgel. Roedd Hermosa yn cael ei adnabod yn enwog fel "Plentyn Terfysgaeth". Yn 15 oed, roedd wedi lladd o leiaf 15 o bobl. Dywedir bod greddfau treisgar wedi cydio ym meddwl Hermosa o 6-7 oed. Yn yr oedran hwn, dechreuodd ladd anifeiliaid fel llygod mawr, gwiwerod, adar, ac ati Hyd yn oed unwaith, cyrhaeddodd yr ysgol gyda phen cath wedi torri. Wedi hyn, diarddelwyd ef o'r ysgol, ac wedi hyny, ni allai byth ddychwelyd iddi.

Ganed y llofrudd cyfresol peryglus hwn, Hermosa, ar Chwefror 28, 1976, yn ninas Clemente Baquerizo, Talaith Los Rios. Roedd yn byw gyda'i rieni mabwysiadol, Olivo Hermosa Fonseca a Zoila Amada Suarez Mejia, ym mhrifddinas y wlad, Quito.

Nid oedd unrhyw drefniant priodol ar gyfer addysg Hermosa, felly ers plentyndod, dechreuodd gymdeithasu gyda bechgyn strae a gwneud mân waith anghyfreithlon. Roedd y rhain yn cynnwys lladrata o dai neu wyrthiau, pigo pocedi, ysbeilio, lladrad stryd, ac ati.

Yn 15 oed, ffurfiodd gang o ddeg o blant o'i oedran, ysbeiliodd gard o bistol 9mm, a dechreuodd derfysg yn ninas Quito. Ynghyd â'i gang, byddai'n aml yn mynd i fariau a chlybiau yn yr ardal a elwir yn Puente del Guambra, ger y Brifysgol Ganolog.

Hyd yn oed gyda'i gariad, Yadira, byddai'n aml yn mynd allan ar dreifiau hir i gael hwyl mewn tacsi wedi'i ladrata.

Ar 22 Tachwedd, 1991, gadawodd glwb nos gyda ffrindiau a mynd â thacsi adref. Ar y ffordd, tynnodd Hermosa ei bistol allan a saethodd y gyrrwr yn ei ben. Y diwrnod wedyn, roedd ffrind iddo yn gyrru'r tacsi ac yn gadael corff y gyrrwr mewn ffos yn Nyffryn Los Chilos, lle daeth yr heddlu o hyd i'r corff drannoeth.

Wythnos yn ddiweddarach, aeth Hermosa gydag aelodau o'i gang i salon gwallt lle byddai fel arfer yn mynd i gael torri ei wallt. Roedd y salon hwn yn perthyn i ddyn hoyw o'r enw Charlie. Mewn ffit o gynddaredd, mae Charlie yn eu gwahodd draw am ddiod yn ei dŷ, lle maen nhw'n mynd i ddadl dros fater diangen, ac mewn ffit o gynddaredd, mae Hermosa yn saethu pum bwled i mewn i ben Charlie.

Felly, cyflawnodd Hermosa gyfanswm o 22 o lofruddiaethau heb unrhyw achos pendant a ddigwyddodd mewn pedwar mis yn unig, o fis Tachwedd 1991 i fis Mawrth 1992, yn cynnwys wyth gyrrwr tacsi, 11 gwrywgydiol, gyrrwr lori, a chydnabod ei. Fe greodd y troseddau hyn dros y penwythnos banig ymhlith gyrwyr tacsis a gwrywgydwyr sy'n byw yng ngogledd Quito. Cafodd yr holl ddioddefwyr eu saethu'n farw gyda phistolau 9 mm. Gyrwyr tacsi oedd y rhan fwyaf o'i ddioddefwyr. Oherwydd hyn, rhoddodd llawer o gymdeithasau tacsis cydweithredol y gorau i weithio ar ôl 6 pm.

Rhoddwyd rheolaeth i'r Maer Fausto Terran Bustillos ar dîm a ffurfiwyd gan yr Heddlu Cenedlaethol, gyda'r dasg o ymchwilio i'r troseddau hyn. Ar ôl ymchwiliad trylwyr, llwyddodd yr heddlu i ddal criw o droseddwyr ifanc yng nghanol y ddinas ar Ionawr 9, 1992. Roedd y criw yn ceisio ysbeilio siop adrannol. Ond doedd ei arweinydd, Juan Fernando Hermosa Suarez, ddim yn bresennol gyda'r gang.

Dechreuodd y llawdriniaeth i gipio Juan Fernando Hermosa am 3 am ar Ionawr 16, 1992, yn seiliedig ar holi aelodau gang. Cyrhaeddodd tîm yr heddlu y tu allan i dŷ'r llofrudd honedig, ac aeth plismon i mewn i dŷ Hermosa trwy ffenestr do. Roedd Hermosa yn cysgu ar wely ar wahân yn ystafell ei mam.

Rhybuddiwyd Hermosa gan y sain lleiaf. Ar ôl gweld yr heddlu, tynnodd ei bistol 9 mm allan a dechrau tanio. Erbyn hynny, roedd mwy o blismyn wedi dod i mewn o'r ffenestr do. Torodd cyfnewidiad trwm o dân rhyngddo ef a'r heddlu.

Yn ystod yr ymladd gwn, hyrddio'r bachgen terfysgol hwn grenâd at yr heddwas yr oedd yn ei wynebu. Arweiniodd hyn at ffrwydrad a achosodd i wal yn y tŷ ddymchwel, a lladdwyd dau blismon. Bu farw mam Hermosa hefyd yn y gwrthdaro hwn. Cafodd ei tharo gydag 11 o fwledi, tra bod Juan Fernando Hermosa ei hun wedi ei ddal 15 munud yn ddiweddarach heb grafiad. Roedd yn ceisio ffoi trwy ffenestr gefn y tŷ.

Pan gafodd Juan Fernando Hermosa ei ddal, cafodd swyddogion eu synnu, gan fod y sawl a ddrwgdybir yn blentyn dan oed. Dywedodd Hermosa ei hun, "Fy enw i yw Juan Fernando Hermosa Suarez, ac ar Chwefror 28, 1992, byddaf yn 16 oed."

Y bore hwnnw, anfonodd grŵp o 10 swyddog Hermosa i garchar Garcia Moreno.

Dywedodd Juan Fernando Hermosa yn ei ddatganiad nad oedd ganddo unrhyw fwriad i ladd pobol ond ei fod wedi gorfod eu lladd er mwyn eu tawelu oherwydd ffraeo â mi. Dywedodd Hermosa iddo gael ei fygwth â llawddryll o safon Pwynt 22 ar un achlysur, ac ar achlysur arall, ceisiodd gyrrwr tacsi ymosod arno â wrench, felly bu'n rhaid iddo gael ei ladd hefyd.

Yn y llys, cyfaddefodd Juan Fernando Hermosa i'w holl droseddau, ac wedi hynny cafodd ei ddedfrydu i un o'r cosbau uchaf a ganiateir gan y gyfraith i blentyn dan oed, sef 4 blynedd yn y carchar yng Nghanolfan Adsefydlu Virgilio Guerrero.

Treuliodd Virgilio Guerrero fisoedd cyntaf ei ddedfryd mewn canolfan adsefydlu. Roedd ei gariad, Yadira, yn aml yn ymweld ag ef yn y carchar. Cododd Juan Fernando trwy rengoedd arweinyddiaeth ieuenctid y carchar o fewn blwyddyn a hanner. Nid yn unig hyn, ond trefnodd hefyd gwn trwy ei gariad, Yadira, mewn ymoddefiad â phersonél y carchar. Ac yn awr roedd yn bwriadu dianc o'r carchar.

Un diwrnod yn y flwyddyn 1993, dihangodd Juan Fernando Hermosa Suarez o'r carchar gyda deg o blant. Pan geisiodd plismon ei atal, fe'i saethodd.

Ffodd i Colombia ond cafodd ei ddal eto yn fuan wedyn a'i anfon yn ôl i Ganolfan Adsefydlu Virgilio Guerrero. Cafodd ei ryddhau ar ôl cwblhau ei ddedfryd yn y flwyddyn 1996.

Ar ôl ei ryddhau, aeth Hermosa i fyw gyda'i dad yn Nueva Loja, Sucumbios. Ar Chwefror 28, 1996, ar ei ugeinfed pen-blwydd, fe'i canfuwyd yn ddirgel farw ar lan Afon Aguarico yn Lago Agrio. Roedd ei wyneb wedi'i anffurfio'n ddrwg a bu'n destun artaith ddifrifol cyn ei farwolaeth. Torrwyd y corff o fan i fan â bwyell a'i frith o fwledi, a'i ddwylo wedi eu clymu â llinynnau. Roedd y dogfennau a ganfuwyd yn ei waled o gymorth i'w adnabod.

Ni wyddys byth pwy laddodd Juan Fernando Hermosa. Yn achos ei farwolaeth, ni wnaeth swyddogion yr heddlu ychwaith arestio unrhyw un na nodi unrhyw un a ddrwgdybir.

Dywedodd yr Athro Seicoleg Marcelo Roman fod llofruddiaeth Hermosa wedi dod yn bosibilrwydd cryf oherwydd bod ei ddedfryd o garchar yn "afresymol o fyr" a bod "straeon ei droseddau creulon yn dal yn ffres ym meddyliau llawer."

Felly daeth y llofrudd cyfresol ofnadwy hwn i ben. Marc cwestiwn oedd ei fywyd, ac felly hefyd ei farwolaeth.

. . . .

. . . .